JN112750

美人百花の
大人気お料理連載の
"推しレシピ"が
1冊に集結!

365日

永久保存版

あなたを支える！
究極の
お助けごはん

美人百花特別編集

アラサー世代の女性たちから支持を集める雑誌「美人百花」。
毎日忙しく働く読者のために、創刊から15年間続けてきた
「簡単」「おいしい」をテーマにした料理連載は
モデルや芸能人、OL、ママなどの多くの女性のあいだで評判に。
本書では、今までたくさんの読者が絶賛してきた
料理企画の中から〝推しレシピ〟だけを厳選！
365日の食卓を支えること間違いなしの
究極のお助けごはんばかりです。
ぜひ、あなたの毎日のごはん作りに役立ててください。

PROLOGUE ≫

とにかく、簡単＆おいしいにこだわったレシピだけ集めたから

📖 365日 あなたを支える ワケ がある！

日々のごはん作りで役立つレシピとは？ 「スーパーで手に入る身近な食材で作れる」「難しい工程がいらない」「短時間で作れる」なのに、おいしい！ 忙しくても、いつだって頼りになる簡単レシピこそ、あなたの支えになるんです。本書では、そんなお墨付きのレシピだけを収録しました！

あなたを支える そのワケ 1
繰り返し作りたい 〝定番レシピ〟が 困ったときに役に立つ！

献立を考える時にまず思いつくのが、子供から大人にまで誰にでも愛される定番料理。何度も作りたくなる味だからこそ、絶対においしい作り方が知りたい。そこで、あなたの定番おかずをさらに、ランクアップする「コツ」と「秘訣」をしっかりと抑えたとっておきのレシピだけを厳選！ 「今日のごはんどうしよう？」と思っても、自信を持って作れる黄金レシピがあなたを支えます。

あなたを支える そのワケ 2
火を使わないから失敗なし！ 〝電子レンジレシピ〟で ごはん作りの負担を解消！

「火加減が難しい」「洗い物が面倒」だから自炊をあきらめていた……そんな人におすすめなのが電子レンジレシピ。調理は全部、電子レンジにお任せだから失敗なし。お鍋やフライパンを使わないので洗い物も少なくて済みます。定番おかずのハンバーグや肉じゃが、カレー、別ゆでが必要なパスタも電子レンジ1つで簡単に調理可能。自炊が面倒と感じている人こそ、電子レンジレシピからはじめてみて。

あなたを支える そのワケ 3
焼く、炒めるだけじゃない！ 〝フライパンレシピ〟で 料理の可能性がぐっと広がる！

〔使〕う調理道具といえばフライパン。気軽に使えて短時間で火が通るフラ〔イパン〕「焼く」「炒める」だけになっている人はもったいない！ 今まで面倒〔な揚げ〕物もこれ1つでできちゃうんです。揚げ物は、少ない油で一気に揚げら〔れ、〕〔煮物〕は短時間でしっかり味が染み込むので時短調理が可能。あなたのごは〔んを支える〕フライパン活用レシピが満載です！

あなたを支える その ワケ 4

忙しいとき＆あと1品ほしいときに助かる！
〝和えるだけおかず〟が強い味方に

メイン料理のストックは多くても、「サブおかずのストックがない」「作りたいと思うレシピがない」と言う方に朗報です！　材料を切れば、あとは和えるだけで完成するレシピがあれば、日々のごはん作りが楽になること間違いなし。やる気0の時でも、これならできると思える〝和えるだけ〟レシピをバリエーション豊富にラインナップしました。

あなたを支える その ワケ 5

「今日のごはんどうしよう？」ってとき心配なし！〝楽ちん献立〟があれば即、献立が完成！

料理作りの苦労といえば、おかずのバランスやメニュー被りを避けて毎日の献立を考えること。そんな、献立を考えるのが面倒な日や忙しい日に役立つのが楽ちん献立リストです。何品も作るのが大変な献立作りを楽にする「頑張らないおかず作り」を5日間のメニューにまとめました。2〜3品バランスのいいおかずがたった30分で作れるので困った時はぜひ試してみて。

あなたを支える その ワケ 6

一杯で大満足な〝究極のご飯＆麺レシピ〟があれば、献立のレパートリーが増える！

一杯でお腹いっぱいになれるご飯＆麺があれば、朝・昼・夜、どんな時でも大活躍。のっけ丼、炊き込みご飯、そうめん、うどん、パスタ、中華麺、美人百花の得意とするバリエーション豊富なレシピの中から特に人気だったメニューを紹介。どれも簡単だから忙しい時に作りたくなるそんなレシピを集めました。

あなたを支える その ワケ 7

材料を入れるだけだから簡単！
〝楽うま鍋＆スープレシピ〟でおうちごはんは充実する

寒い季節や、ダイエット中、忙しい時に作りたくなる鍋＆スープレシピ。お鍋に具材を入れて煮るだけだから調理も楽ちん。だけど、栄養もお腹も満たされる。マンネリしがちなスープのベースも和洋中とバラエティー豊かに収録しているのであきる心配がありません。とっておきの日に作りたいごちそう系から日々のごはん作りに役立つ簡単レシピまで、オールシーズンで役立つメニューをリストアップ。

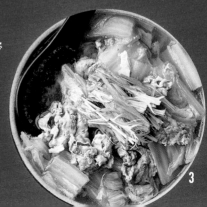

CONTENTS

本 書 の 使 い 方

チャレンジレシピ ｜ メイン

CHECK1 CHECK2

お助けアイテム
電子レンジ

調理時間
15分

煮汁が蒸発せず、加熱中に野菜の水分も出るので濃いめの調味液で調理

肉じゃが

材料(2人分)
牛こま切れ肉…100g
じゃがいも…2個(300g)
玉ねぎ…1/4個
さやいんげん…4本
合わせ調味料
めんつゆ(2倍濃縮)
…大さじ3
水…大さじ3

1 じゃがいもは皮をむいて2〜3cm角に切り、水にさらして水気をきる。玉ねぎは薄切りにする。

 CHECK3

2 耐熱ボウルに1を入れて牛肉をのせ、合わせ調味料をかける。ラップをかけて電子レンジで8分加熱する。

3 5cm長さに切ったさやいんげんを加え、ラップをかけてさらに電子レンジで2分加熱する。(星野奈々子)

POINT 牛肉をじゃがいもにかぶせるように重ねることで、加熱中に肉のうまみが野菜へ移る。さやいんげんは後から加えて加熱し、色をキレイに残して。

17

CHECK1 お助けマークで 自分に合った調理法を選べる!

お助けアイテム
電子レンジ

「定番おかず」「電子レンジ」「フライパン」「和えるだけ」などの簡単レシピをマーク化。簡単マークを目印に作りたいレシピを選んで。

CHECK2 調理時間マークで 料理にかける時間がわかる!

調理時間
00分

いざ作ろうと思ったら1品にすごい時間がかかった!そんな料理作りのストレスがないように、調理時間の目安をアイコン化。

CHECK3 作り方に材料マークがあるから 分量を見返す手間いらず!

じゃがいも
2個 + 玉ねぎ
1/4

材料表と作り方を何度も見返す手間がないように、作り方に、分量をマークで記載。材料の漏れもなくなるので失敗もなくなります。

電子レンジの W数換算

本書の電子レンジレシピは、600Wを基準にしています。お手持ちの電子レンジのW数が異なる場合は、右記の換算表を目安に加熱時間を調整してください。
※電子レンジはメーカーなどによって固体差があるので加熱状態をよく確認してください。

500W	50秒	1分10秒	1分50秒	2分20秒	3分	3分40秒	4分50秒	6分	7分10秒	8分20秒
600W	40秒	1分	1分30秒	2分	2分30秒	3分	4分	5分	6分	7分
700w	30秒	50秒	1分10秒	1分40秒	2分	2分30秒	3分20秒	4分	4分50秒	5分40秒

めんつゆの 濃縮度が違う場合は

本書のめんつゆは、濃縮度をレシピごとに記載しています。お手持ちのめんつゆの濃縮度が異なる場合は、右記を目安に希釈を変えてください。
※メーカーなどによって多少の濃さが異なるので、味をみて好みの味に仕上げてください。

2倍濃縮	小さじ1と1/2	大さじ1	大さじ1と1/2	大さじ3	75ml	150ml	225ml	300ml
3倍濃縮	小さじ1	小さじ2	大さじ1	大さじ2	50ml	100ml	150ml	200ml
4倍濃縮	小さじ3/4	小さじ1と1/2	大さじ3/4	大さじ1と1/2	35ml	75ml	115ml	150ml

●火加減の目安を記載していますが、家庭用コンロ、IHヒーター等機種によって火力が異なりますので、レシピの火加減・加熱時間を目安に調整してください。
●特に、肉や魚介類を加熱する料理は、火が通っているかよく確認してください。
●電子レンジで加熱する際は、付属の説明書に従って耐熱素材の容器を使用してください。
●大さじ1は15ml、小さじ1は5ml、1カップは200mlです。
●調理時間は下ごしらえから完成までの時間の目安です。
●調理時間マークの時間は、目安です。漬け時間や米をひたす時間は含まれません。
●スパゲッティは1.6mmを使用しています。電子レンジで1.8mm以上を使用する場合は加熱時間を調整してください。
●オーブントースターは1000Wを基準にしてください。

繰り返し作りたくなる

黄金の定番ごはん

子供から大人まで、幅広い世代に愛される定番料理。
何度も作りたい味だからこそ、一番おいしい、納得のいく
レシピを自分のストックに加えたい。あなたの定番おかずを
さらにグレードアップする黄金レシピを集めました。

調理時間 **15分**

表面はパリッ、中はジューシーな理想のから揚げ。香ばしさの秘訣は片栗粉にあり

鶏のから揚げ

材料(2人分)

鶏もも肉…1枚(300g)
片栗粉…大さじ2〜3
揚げ油…適量

合わせ調味料
しょうゆ、酒…各大さじ1
にんにくのすりおろし
…少々

トッピング
パセリ(好みで)…適量
レモン(好みで)…適量

1 鶏肉は余分な水気をふき取り、一口大に切る。合わせ調味料をもみ込んで30〜60分おく。出てきた水気をペーパータオルでよくふき取り、片栗粉をしっかりとまぶす。

鶏もも肉1枚 + しょうゆ大さじ1 酒大さじ1 にんにくのすりおろし少々 + 片栗粉大さじ2〜3

2 揚げ油を170〜180℃に熱し、鶏肉の皮で肉を包むようにして皮を下にして入れ、約4分揚げる。火力を最大にして1分揚げ、網じゃくしにから揚げをのせて空気に触れさせるように持ち上げながらさらに1分揚げる。カラッと揚がったら取り出して油をよくきる。器に盛り、好みでパセリ、レモンを添える。(Shiori)

揚げ油適量 + 1 + 4分揚げる + 1分揚げる + 1分揚げる

POINT
揚げるときは最後に強火にして、高温で表面をカリッと! 持ち上げて空気に触れさせながら揚げると、二度揚げしたのと同じ効果が。

繰り返し作りたい
**定番
ごはん**

調理時間
10分

薄力粉をまぶすことで、食欲を刺激する香りのたれがよくからみ、お肉も柔らか

定食屋さんのしょうが焼き

材料（2人分）

豚ロース薄切り肉
（しょうが焼き用）…6枚（約200g）
玉ねぎ…1/4個
塩、こしょう…各適量
薄力粉…適量
サラダ油…大さじ1と1/2

合わせ調味料
しょうゆ、酒、みりん
…各大さじ1と1/2
砂糖…大さじ1/2
しょうがのすりおろし
…小さじ2

トッピング
トマト（好みで）…適量
キャベツ（好みで）…適量

1 玉ねぎは6等分のくし形切りにする。合わせ調味料は合わせておく。豚肉はまな板に広げ、すじ切りをする。軽めに塩、こしょうをふり、茶こしで薄力粉を薄くまぶす。

2 フライパンにサラダ油大さじ1を熱し、玉ねぎを炒める。透き通ったら取り出し、残りの油を足す。豚肉を重ならないように広げて並べ、中火で焼く。

3 薄く焼き色がついたら裏返して、裏面は色が変わるまでさっと焼き、余分な油が多いようならふき取る。合わせ調味料と2の玉ねぎを加えて煮詰め、肉にたれをからめる。器に盛り、好みのつけ合わせ（トマト、キャベツなど）を添える。

(Shiori)

2＋1の合わせ調味料

調理時間 **20分**

ハンバーグを口に入れると、肉汁ジュワリ。時間を計れば生焼け＆焼きすぎなし！

目玉焼きのっけデミハンバーグ

材料（2人分）

合いびき肉…250g
卵…2個
玉ねぎ…1/4個
サラダ油…小さじ1/2
パン粉…大さじ3
牛乳…大さじ2
溶き卵…1/2個分

合わせ調味料A
塩…小さじ1/2弱
粗びき黒こしょう…小さじ1/8
ナツメグ…小さじ1/8

合わせ調味料B
トマトケチャップ…大さじ2
中濃ソース、水 …各大さじ1
赤ワイン…大さじ1と1/2
バター…3g
砂糖…ひとつまみ

トッピング
ブロッコリー（好みで）…適量
ポテト（好みで）…適量

1　玉ねぎはみじん切りにして耐熱皿に広げ、サラダ油を回しかけてさっと混ぜ、ふんわりとラップをかける。電子レンジで2分加熱し、粗熱を取って冷蔵庫で冷ます。

2　パン粉は牛乳に浸す。ボウルに合いびき肉と溶き卵、合わせ調味料A、牛乳に浸したパン粉、1を入れて粘りが出るまで約2分、全力で練る。ボウルにたたきつけて空気を抜く。

3　手に少量のサラダ油（分量外）をなじませ、2を2等分してキャッチボールしながらさらに空気を抜き、小判形に成形する。

4　フライパンにサラダ油小さじ1（分量外）を熱し、3を並べて中央にくぼみをつける。強めの中火でフライパンを軽くゆすりながら焼き、焼き色がついたら裏返す。裏面にも同様に焼き色がついたらふたをして弱火で6分蒸し焼きにする。

5　合わせ調味料Bを加えてソースをスプーンでかけながら煮詰め、とろみがついたら火から下ろす。

6　別のフライパンにサラダ油少量（分量外）をなじませ、卵を割り落とす。弱火でじっくり3〜4分焼き、白身が固まったら火を止める。皿にハンバーグを盛ってソースをかけ、目玉焼きをのせる。好みのつけ合わせを添える。（Shiori）

繰り返し作りたい **定番 ごはん**

調理時間 **20分**

さけの塩味でマカロニとブロッコリーにも塩分が。ホワイトソースは薄味にしてOK!

塩ざけとブロッコリーのグラタン

材料（2人分）

マカロニ（早ゆで4分タイプ）…70g
塩ざけ…2切れ
ブロッコリー…1/3個

バター…20g
玉ねぎ…1/4個
塩…適量

薄力粉…大さじ1
牛乳…300ml
ピザ用チーズ…適量

1 鍋に湯を沸かし、マカロニを入れて3分ゆで、一口大に切った塩ざけを加える。さらに1分たったら、小房に分けたブロッコリーを加えて1分ゆでて、ざるに上げる。塩ざけの骨を取って、一口大に切る。

マカロニ 70g ＋ 3分 ゆでる ＋ 塩ざけ 2切れ ＋ 1分 ゆでる ＋

ブロッコリー 1/3個 ＋ 1分 ゆでる

2 鍋にバターを入れて火にかけ、繊維に沿って薄切りにした玉ねぎを加え、しんなりするまで弱火で炒める。軽く塩をふる。

＋ バター 20g ＋ 玉ねぎ 1/4個 ＋ 塩 適量

3 2に薄力粉を加え、軽く炒めたら牛乳を2〜3回に分けて加え、菜箸で混ぜながらとろみがつくまで火にかける。味を見て塩が足りなければ少し足す。

2 ＋ 薄力粉 大さじ1 ＋ 牛乳300ml （2〜3回に 分けて） まぜまぜ

4 ボウルに1を入れ、3の1/3量を加えて混ぜ、グラタン皿に盛る。さらに残りの3とチーズをかけてオーブントースターかグリルで表面がきつね色になるまで焼く。（タサン志麻）

1 ＋ 3（1/3量） ＋ 耐熱皿 ＋ 残りの3 ＋

ピザ用 チーズ 適量 ＋ チン!

調理時間
15分

スタミナ餃子

パンチのきいたあんをしっかり練ることで
肉汁が外に逃げるのを防ぎます

材料(2人分)

餃子の皮(大判)…20枚
豚ひき肉…150g
キャベツ…300g
にら…1/2束
塩…小さじ1/2
しょうがのみじん切り
…1片分
にんにくのみじん切り
…1片分
サラダ油…小さじ1

合わせ調味料
しょうゆ、オイスター
ソース…各小さじ1
酒…大さじ1
ごま油…小さじ1

1 キャベツはみじん切りにし、にらは5mm幅に切る。キャベツとにらを
ボウルに入れ、塩をふって軽くもんで5分おき、水気をよくしぼる。

（キャベツ 300g）＋（にら 1/2束）＋（塩 小さじ1/2）

2 1のボウルに豚ひき肉、しょうがとにんにくのみじん切り、合わせ調
味料を加えて粘りが出るまでよく練って、あんを作る。手のひらに
餃子の皮をのせ、あんをティースプーン1杯強のせる。餃子の皮のふ
ちに少量の水をつけ、端からひだを寄せるように包む。残りも同様
に包む。

1 ＋（豚ひき肉 150g）＋（しょうがの みじん切り 1片分）＋（にんにくの みじん切り 1片分）＋（しょうゆ、 オイスター ソース各 小さじ1）（酒 大さじ1）（ごま油 小さじ1）＋（餃子の皮 20枚）

3 フライパンにサラダ油を熱し、油がなじんだら火を止める。2を円形
に並べ、再び中火にかける。焼き色がついたら、湯150ml(分量外)を
回しかけ、ふたをして中火で5〜6分蒸し焼きにする。水分がほとん
どなくなったらふたを取って水分をとばし、ごま油少量(分量外)を
回しかける。さらに水分をとばし、皿をのせてひっくり返して取り
出す。好みのつけだれで食べる。(Shiori)

（サラダ油 小さじ1）＋ 2 ＋（湯 150ml）＋（ごま油 少量）

繰り返し作りたい
定番ごはん

調理時間
10分

とろみづけのときに、豆腐を
奥に寄せると崩れ防止に

本格麻婆
のっけご飯

材料（2人分）

ご飯…茶碗2杯分
絹ごし豆腐…1丁（300g）
豚ひき肉…100g
サラダ油…大さじ2
長ねぎのみじん切り…10cm分

合わせ調味料A

鶏ガラスープ…150ml
甜麺醤（テンメンジャン）…大さじ1
しょうゆ…大さじ1
オイスターソース…小さじ1
酒…大さじ1

水溶き片栗粉

片栗粉…大さじ1
水…大さじ2

合わせ調味料B

しょうがのみじん切り…1片分
にんにくのみじん切り…1片分
豆板醤（トウバンジャン）…小さじ1〜2

トッピング

パクチー、ラー油、花椒（ホワジャオ）…好みで

1 合わせ調味料A、水溶き片栗粉の材料をそれぞれ合わせておく。豆腐は2cm角に切り、ざるに入れて水気をきる。

2 フライパンにサラダ油を熱し、豚ひき肉を炒める。豚肉から脂が出てきたら端に寄せ、合わせ調味料Bを加えて炒める。香りが出てきたら豚肉と炒め合わせる。合わせ調味料A、豆腐を加え、煮立ったらふたをして5分ほど弱火で煮る。火を止め、水溶き片栗粉を少量ずつ加え、豆腐を崩さないように混ぜながらとろみをつける。

サラダ油 大さじ2 ｜ 豚ひき肉 100g ＋ しょうがの みじん切り 1片分 ｜ にんにくの みじん切り 1片分 ｜ 豆板醤 小さじ 1〜2 ＋ 1

3 とろみがついたら再び火にかけ、長ねぎを加えてぐつぐつと強火でさらに1〜2分煮立て、好みでラー油小さじ1〜2を回しかける。器にご飯を盛り、上に麻婆豆腐をのせ、好みで花椒をふってパクチーを散らす。（Shiori）

手間のかかりそうな
ティラミスを豆腐で
ヘルシーアレンジ！

抹茶ティラミス

材料（2人分）
絹ごし豆腐…250g　　湯…大さじ3
カステラ…2切れ　　抹茶…適量

合わせ調味料A
クリームチーズ（室温に戻す）…50g
砂糖…大さじ1
レモン汁…小さじ1

合わせ調味料B
抹茶…大さじ1
砂糖…大さじ1

① 絹ごし豆腐にペーパータオルを巻いて耐熱容器に入れ、電子レンジで2分加熱して水気をきる。ボウルに入れて滑らかになるまで泡立て器などで混ぜ、合わせ調味料Aを加えてさらに混ぜる（より滑らかにしたい場合はこし器でこす）。

② 合わせ調味料Bにお湯を加えて溶き、カステラをちぎって加える。スプーンですり混ぜて全体をなじませる。

③ カップに2を1/4量ずつ入れ、1を1/4量ずつのせる。残り半分も同様に重ねる。冷蔵庫で2時間ほど冷やし、抹茶を茶こしに入れてふる。

みりんとはちみつを加えることで
しっとりとしたいい焼き色に

生どら焼き

材料（4個分）
ホットケーキミックス…100g　　生クリーム…100ml
卵…2個　　　　　　　　　　　グラニュー糖…大さじ1
サラダ油…適量　　　　　　　　粒あん…お好みの量

合わせ調味料
みりん…大さじ1　　はちみつ…大さじ1　　水…大さじ2

① ボウルに卵を割り溶き、合わせ調味料を加えてよく混ぜる。ホットケーキミックスを加えて混ぜる。ペーパータオルなどにサラダ油をしみこませてフライパンに油を薄くひき、加熱する。ぬれ布巾の上に置いて熱を取り、生地を大さじ1/2ずつ流し入れる。

② 弱火で両面を焼く。一度に2枚ずつ焼くのを3回くり返し、6枚焼いて冷ましておく。

③ ボウルに生クリームとグラニュー糖を入れて、底を氷水にあて、すくい上げて落ちる程度まで泡立てる。2を3枚並べ、それぞれ粒あんと生クリームをのせて残りの2で挟む。

COLUMN お店の味が自宅で叶う！ **おうちカフェスイーツ**

フルーツがつくようパンの
端までチーズを塗って
隙間なくフルーツをON

フルーツオープンサンド

材料（4個分）
食パン（8枚切り）…2枚
クリームチーズ（室温に戻す）…50g
はちみつ…大さじ1
フルーツ（いちご、バナナ、キウイなど）…適量

① フルーツは5mm幅にスライスする。クリームチーズにはちみつを加えてよく混ぜ、食パンに半量ずつ塗る。

② フルーツを耳から少しはみ出すように並べる。

③ 耳を切り落とし、パン切り包丁などで半分に切る。

紙カップを
使うので、ケーキ型が
なくてもOK

バスクチーズケーキ

材料（5個分）
クリームチーズ（室温に戻す）…100g　　生クリーム…200ml
砂糖…大さじ4　　　　　　　　　　　　薄力粉…大さじ1/2
卵…1個

① オーブンを250度に予熱する。ボウルにクリームチーズを入れて、砂糖を加えて泡立て器でよく混ぜる。

② 溶き卵を少しずつ加えながら混ぜ、生クリームを加えてよく混ぜる

③ 薄力粉をふるい入れて全体がなじむまで混ぜる。

④ カップに流し入れる。濃いめの焼き色がつくまで250度のオーブンで20分ほど焼く。

（以上、木村遥）

PART
2

洗い物が最少に！ 失敗知らずで簡単ごはんが完成！

電子レンジレシピ

定番おかずからごちそう、パスタ、ご飯系まで、
電子レンジなら失敗いらずで簡単に作れます。火を使わないので
たくさんの調理道具も必要なし。電子レンジこそ
日々のごはん作りを楽にするとっておきのお助けアイテムです。

お助けアイテム
電子
レンジ

調理時間
10分

肉の脂を逃さないよう、パン粉を多めにしたフワフワ系！

ハンバーグ

材料(2人分)

【肉だね】

合いびき肉…200g
卵…1個
パン粉…30g

玉ねぎ…1/4個

合わせ調味料

塩…小さじ1/4
トマトケチャップ…大さじ2
中濃ソース…大さじ2

トッピング

ベビーリーフ(好みで)…適量

1 玉ねぎはみじん切りにする。ボウルに玉ねぎと肉だねの材料を入れてよく混ぜ合わせ、2等分にして小判形に丸める。

玉ねぎ 1/4個 + 合いびき肉 200g / 卵 1個 / パン粉 30g / こねこね

2 耐熱皿に1をのせ、ラップをかけて電子レンジで5分加熱する。

1 + 5分 チン!

3 混ぜた合わせ調味料をかけ、ラップをかけてさらに電子レンジで2分加熱する。器に盛り、好みでベビーリーフを添える。(星野奈々子)

塩 小さじ1/4 / トマトケチャップ 大さじ2 / 中濃ソース 大さじ2 + 2分 チン!

POINT

ハンバーグを成形したら、耐熱皿にのせてレンチン。ひっくり返さなくていいので、形が崩れません。ソースもここに足すだけ！

お助けアイテム
電子
レンジ

調理時間
15分

煮汁が蒸発せず、加熱中に野菜の水分も出るので濃いめの調味液で調理

肉じゃが

材料(2人分)

牛こま切れ肉…100g
じゃがいも…2個(300g)
玉ねぎ…1/4個
さやいんげん…4本

合わせ調味料
めんつゆ(2倍濃縮)
…大さじ3
水…大さじ3

1 じゃがいもは皮をむいて2〜3cm角に切り、水にさらして水気をきる。玉ねぎは薄切りにする。

〔じゃがいも 2個〕 + 〔玉ねぎ 1/4個〕 🔪

2 耐熱ボウルに1を入れて牛肉をのせ、合わせ調味料をかける。ラップをかけて電子レンジで8分加熱する。

1 + 〔牛こま切れ肉 100g〕 + 〔めんつゆ 大さじ3〕 + 〔水 大さじ3〕 + 〔8分〕 チン！

3 5cm長さに切ったさやいんげんを加え、ラップをかけてさらに電子レンジで2分加熱する。（星野奈々子）

〔さやいんげん 4本〕🔪 + 〔2分〕 チン！

POINT
牛肉をじゃがいもにかぶせるように重ねることで、加熱中に肉のうまみが野菜へ移る。さやいんげんは後から加えて加熱し、色をキレイに残して。

17

お助けアイテム
電子レンジ

調理時間
10分

ビーフストロガノフ

材料（2人分）

牛薄切り肉…200g
マッシュルーム…4個
玉ねぎ…1/4個
にんにく…1片
生クリーム…100ml

合わせ調味料A
塩…小さじ1/2
薄力粉…大さじ1

合わせ調味料B
トマト水煮缶（カットタイプ）
…1/2缶（200g）
赤ワイン…100ml
しょうゆ…大さじ1
砂糖…大さじ1

1 牛肉に合わせ調味料Aをまぶす。マッシュルームは5mm厚さの薄切りにする。玉ねぎ、にんにくは薄切りにする。

[牛薄切り肉200g + 塩小さじ1/2 薄力粉大さじ1][マッシュルーム4個 + 玉ねぎ1/4個 + にんにく1片]

2 耐熱容器に1を入れ、混ぜた合わせ調味料Bを加えて軽く混ぜ、ラップをかける。電子レンジで8分加熱し、生クリームを加えて混ぜ、さらに1分加熱する。（星野奈々子）

1 + ((トマト水煮缶1/2缶 + 赤ワイン100ml + しょうゆ大さじ1 + 砂糖大さじ1)) + 8分 チン！ +

生クリーム100ml まぜまぜ + 1分 チン！

お助けアイテム
🔲
電子
レンジ

調理時間
3分

火入れの加減が難しいローストビーフも、レンチンなら失敗なし!!

ローストビーフ

材料(2人分)

牛ももかたまり肉…300g

合わせ調味料

塩…小さじ1

こしょう…少々

トッピング

塩、わさび(好みで)…各適量

1 牛肉の表面に合わせ調味料をまぶし、ラップで二重に包む。

牛もも
かたまり肉
300g ＋ 塩
小さじ1 こしょう
少々 🧂

2 耐熱容器に1をのせ、電子レンジで1分30秒加熱し、裏返してさらに1分30秒加熱する。取り出してそのまま粗熱が取れるまでおき、薄切りにする。好みで塩、わさびを添える。(星野奈々子)

1分半 📱 チン！ ＋ 1分半 📱 チン！

POINT
耐熱容器に入れるのは、こぼれた肉汁をカバーするため。途中で一度裏返すだけで火入れが均等に。2〜3時間おくと肉汁が落ち着く。

調理時間 **10分**

なすは水にくぐらせて加熱するとジューシーな食感に
なすのミートソースグラタン

材料(2人分)

なす…2本
ミートソース(市販品)
…1袋(220g)
ピザ用チーズ…適量

合わせ調味料
牛乳…大さじ3
片栗粉…小さじ1

トッピング
イタリアンパセリ(あれば)
…適量

1 なすはへたを落して一口大の乱切りにしてさっと水にくぐらせて耐熱ボウルに入れる。ふんわりとラップをかけ、電子レンジで約3分30秒加熱して余分な水分を捨てる。

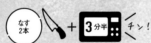

なす2本 ✂ + 3分半 チン!

2 1にミートソース、合わせ調味料を加える。全体をよく混ぜ合わせ、再びふんわりとラップをかけて電子レンジで2分加熱する。

ミートソース1袋 + ((牛乳大さじ3 片栗粉小さじ1)) + 2分 チン!

3 耐熱容器に2を入れてピザ用チーズをかけ、ラップをかけずにチーズが溶けるまで電子レンジで約2分加熱し、あれば粗みじん切りにしたイタリアンパセリをふる。(吉田愛)

2 + ピザ用チーズ適量 + 2分 チン!

お助けアイテム
電子レンジ

調理時間
10分

しっとり蒸し上がった豚肉と、もやしの蒸し汁でうまみたっぷり

豚バラとトマトのレモン蒸し

材料（2人分）

豚バラ薄切り肉…150g
トマト…1個
レモン…1/2個
もやし…1/2袋（100g）

合わせ調味料
白ワイン…大さじ2
チキンコンソメ（顆粒）、
オリーブオイル、しょうゆ
…各小さじ1
しょうがのすりおろし
…小さじ1/2
塩…少々

1 トマトはへたを切り取り、8mm厚さの輪切りにする。レモンは2〜3mm厚さの輪切りにする。ボウルに合わせ調味料を入れ、混ぜ合わせる。

トマト1個 ＋ レモン1/2個 （（ 白ワイン大さじ2　チキンコンソメ小さじ1　オリーブオイル小さじ1　しょうゆ小さじ1　しょうがのすりおろし小さじ1/2　塩少々 ））

2 耐熱皿にもやしを敷き、半量のトマトとレモンを交互に重ね、豚肉を広げる。残りのトマトとレモンも重ね、合わせ調味料をかける。ラップをかけ、電子レンジで5〜6分豚肉に火が通るまで加熱し、器に盛りつける。

（高橋善郎）

もやし1/2袋　1のトマト　1のレモン　豚バラ薄切り肉150g ＋1の調味料＋ 5-6分 チン！

21

お助けアイテム
電子レンジ

調理時間 **10**分

下に敷いたレタスや少量の酒からの水分で蒸気が回り、加熱ムラなし

えびシューマイ

材料(2人分)

シューマイの皮…12枚
えび(無頭・殻つき)…8尾
(またはむきえび…80g)
玉ねぎ…1/8個
豚ひき肉…100g
レタス…3〜4枚
酒…大さじ1

合わせ調味料
しょうがのすりおろし…小さじ1/2
塩…小さじ1/4
砂糖…小さじ1/4
しょうゆ…小さじ1/4
片栗粉…小さじ1/2

たれ
練りがらし、しょうゆ…各適量

1 えびは殻をむいて背わたを取り、1cm幅に切る。玉ねぎはみじん切りにする。

(えび 8尾) + (玉ねぎ 1/8個) 🔪

2 ボウルに1と豚ひき肉、合わせ調味料を入れてよく混ぜ合わせ、12等分にしてシューマイの皮で包む。

(1) + (豚ひき肉 100g) + (しょうがの すりおろし 小さじ1/2) + (塩 小さじ1/4) + (砂糖 小さじ1/4)
(しょうゆ 小さじ1/4) + (片栗粉 小さじ1/2) + (シューマイの皮 12枚) こねこね

3 耐熱皿にレタスを敷き、2をのせて酒を回しかける。ラップをかけて電子レンジで4分加熱し、からしじょうゆを添える。(星野奈々子)

(レタス 3〜4枚) + (2) + (酒 大さじ1) + [4分] チン！ (練りがらし 適量) (しょうゆ 適量)

POINT
平たい耐熱皿の中で蒸気を対流させて蒸せば、全体の火の入りが均一に。シューマイは皮同士がくっつかないよう、間隔をあけて。

お助けアイテム
電子
レンジ

調理時間
10分

下ゆでする春雨もレンチンなら下処理いらず

チャプチェ

材料(2人分)

にんじん…1/4本

ピーマン…1個

春雨…30g

牛こま切れ肉…50g

白いりごま…小さじ1

合わせ調味料

水…100ml

酒…大さじ1

しょうゆ…小さじ1

コチュジャン…小さじ1

砂糖…小さじ1

ごま油…小さじ1

1 にんじんは千切りに、ピーマンは細切りにする。

にんじん 1/4本 ＋ ピーマン 1個

2 耐熱皿に春雨を入れ、混ぜた合わせ調味料をかけ、1と牛肉をのせる。ラップをかけて電子レンジで5分加熱し、白いりごまを加えて混ぜる。(星野奈々子)

春雨 30g ＋ 水 100ml 酒 大さじ1 しょうゆ 小さじ1 コチュジャン 小さじ1 砂糖 小さじ1 ごま油 小さじ1

＋ 牛 こま切れ肉 50g ＋ 1 ＋ 5分 チン! 白いりごま 小さじ1

調理時間
5分

魚の身がしっとり！　電子レンジで蒸せば、水っぽくならない！

白身魚の香味蒸し

材料（2人分）

たい…2切れ
長ねぎ…1/2本
しょうが…1片

合わせ調味料
しょうゆ…大さじ1
ごま油…大さじ1
酒…大さじ1/2
砂糖…小さじ1

トッピング
パクチー…2株

1 たいは皮に切り込みを入れる。長ねぎとしょうがはみじん切りにする。

(たい 2切れ) + (長ねぎ 1/2本) + (しょうが 1片)

2 耐熱皿に1をのせ、合わせ調味料をかけてラップをかけ、電子レンジで4分加熱する。

1 + (しょうゆ 大さじ1)(ごま油 大さじ1)(酒 大さじ1/2)(砂糖 小さじ1) + 4分 チン！

3 ざく切りにしたパクチーをのせる。（星野奈々子）

(パクチー 2株)

24

お助けアイテム
電子
レンジ

調理時間
15分

調味料が多くて手際よく調理するのが難しい麻婆豆腐も、慌てずに作れる!

麻婆豆腐

材料(2人分)

木綿豆腐…1/2丁(150g)

豚ひき肉…100g

長ねぎ…1/2本

にんにく…1片

合わせ調味料

みそ…大さじ1

酒…大さじ1

しょうゆ…大さじ1/2

砂糖…小さじ1

ごま油…小さじ1

豆板醤…小さじ1

水溶き片栗粉

片栗粉…小さじ1

水…50ml

1 長ねぎ、にんにくはみじん切りにする。

2 耐熱ボウルに1と豚ひき肉、合わせ調味料を入れて混ぜ、ラップをかけて電子レンジで3分加熱する。

3 水溶き片栗粉を加えて混ぜ合わせ、一口大に切った豆腐をのせてラップをかけ、電子レンジでさらに2分加熱する。(星野奈々子)

POINT

香味野菜と肉、調味料をよく混ぜて水分量を均一にし、味や食感のムラをなくして。豆腐は最後の短時間加熱で、フルフル食感をキープ。

フォークで鶏胸肉の繊維を断ち切り、
砂糖をまぶしてしっとり柔らかに

簡単よだれ鶏

材料(2人分)

鶏胸肉…1枚　　砂糖…小さじ1
塩…少々　　　　長ねぎ…1/4本

合わせ調味料

酢、しょうゆ…各大さじ1
にんにくのすりおろし…小さじ1/2

トッピング

トマト、貝割れ菜…各適量
ラー油(好みで)…少々

1　鶏胸肉をフォークで数カ所
　刺し、砂糖と塩をもみ込む。
　耐熱容器に入れてふんわり
　とラップをかけ、電子レン
　ジで4分加熱する。裏返して
　再度ラップをかけ、2分加熱
　する。

肉と野菜を重ねてレンチンするだけなので簡単!

豚しゃぶとなすの薬味和え

材料(2人分)

豚しゃぶしゃぶ用肉…200g
なす…2本　大葉…6枚　みょうが…1個　酒…大さじ1

合わせ調味料

ポン酢しょうゆ …大さじ2　にんにくのすりおろし …小さじ1/3
オリーブオイル …小さじ1

1　なすはへたを落として薄い輪切りにする。大葉は千切り、
　みょうがは薄い半月切りにする。

　なす2本 ＋ 大葉6枚 ＋ みょうが1個

2　耐熱容器になすと豚肉を交互に重ねて入れ、酒をふり、ふ
　んわりとラップをかけて電子レンジで3〜4分加熱する。水
　気をきって合わせ調味料を加え、からめる。

3　皿に2を盛り、大葉とみょうがをのせる。　　(北嶋佳奈)

お助けアイテム **電子レンジ**

調理時間 5分

加熱中に弾けないように、フォークで穴を開けて皮目を上に

照り焼きチキン

材料（2人分）

鶏もも肉…1枚（300g）　　長ねぎ…1/2本

合わせ調味料

しょうゆ…大さじ1　　　　砂糖…大さじ1

みりん…大さじ1　　　　　片栗粉…小さじ1

1 鶏肉は余分な脂を取り除き、フォークで全体に穴を開ける。長ねぎは5cm長さに切る。

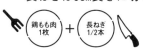

2 耐熱容器に**1**を入れて混ぜた合わせ調味料をかけてラップをかけ、電子レンジで4分加熱する。（星野奈々子）

2 長ねぎはみじん切りにする。**1**の鶏肉を取り出して（残った汁はそのまま）長ねぎと合わせ調味料を入れ、ふんわりとラップをかけて電子レンジで1分30秒加熱する。

3 **1**の鶏肉をスライスして皿に盛り、好みでラー油をかける。トマトを1cm角切り、貝割れ菜を1cm長さに切って散らす。

（北嶋佳奈）

お助けアイテム
電子レンジ

調理時間
3分

クッキングシートの中で、ふっくら蒸されたさけの食感が柔らか！

さけのみそバター蒸し焼き

材料(2人分)

塩さけ(甘塩)…2切れ
しめじ…40g
バター…10g

合わせ調味料
水…大さじ2
みそ…小さじ1

トッピング
細ねぎ(小口切り)…適量
七味唐辛子…適量

1 しめじは石づきを切り落としてほぐす。さけの大きさよりひと回り大きく切ったクッキングシートを皿に敷き、半量のしめじ、さけ1切れを置く。よく混ぜた合わせ調味料を半量ずつきのこの上にかけ、半量のバターをのせ、クッキングシートで包んで両端をきつくねじる。残りも同様に包む。

しめじ 40g + 塩さけ 2切れ + ((水 大さじ2 みそ 小さじ1)) + バター 10g

2 1を耐熱皿に2つ並べて置き、電子レンジで2分加熱する。皿に盛り、細ねぎと七味唐辛子をかける。(吉田愛)

1 + 2分 チン！ 細ねぎ(小口切り)適量 七味唐辛子 適量

お助けアイテム
電子
レンジ

調理時間
5分

塩さばが崩れにくくておすすめ。片栗粉とごま油の効果で、香ばしさUP！

さばの竜田揚げ

材料（2人分）

塩さば（半身）…2枚
片栗粉…大さじ2
ごま油…大さじ2

合わせ調味料
しょうゆ…大さじ1
みりん…大さじ1
しょうがのすりおろし
…小さじ1

トッピング
レモンのくし形切り（好みで）
…適量

1 さばは骨を取り除いて1枚を4等分のそぎ切りにし、混ぜた合わせ調味料を表面にまぶす。軽く汁気をきり、片栗粉をまぶす。

塩さば
2枚 + ((しょうゆ
大さじ1) みりん
大さじ1) しょうがの
すりおろし
小さじ1)) + 片栗粉
大さじ2

2 耐熱容器に1を皮を上にして並べ、ごま油を回しかけ、ラップをかけずに電子レンジで3分加熱する。好みでレモンを添える。（星野奈々子）

1 + ごま油
大さじ2 + **3**分 チン！

29

お助けアイテム
🖥️ 電子
レンジ

調理時間
5分

さばのみそ煮缶の味つけをベースにすれば、味つけの失敗なし

さば缶とエリンギの
お手軽みそ煮

材料（2人分）

さば缶（みそ煮）
…1缶（固形量110g）
エリンギ…中3本
長ねぎ…1本

合わせ調味料
さば缶の汁…全量
水…大さじ2
みそ…大さじ2
しょうがのすりおろし
…小さじ1/2

1 さばの身はほぐさずに取り出す。石づきを切り
落としたエリンギは縦4等分に切る。 長ねぎは
4〜5cm長さにし、斜めに浅い切り込みを入れる。

さば缶（みそ煮）1缶 ＋ エリンギ中3本 ＋ 長ねぎ1本

2 耐熱皿に合わせ調味料を入れ、混ぜ合わせる。
1をのせ、ラップをかけて電子レンジで4〜5分加
熱し、器に盛りつける。（高橋善郎）

さば缶の汁全量 水大さじ2 みそ大さじ2 しょうがのすりおろし小さじ1/2 ＋ 1 ＋ 4〜5分🔲 チン！

お助けアイテム
電子
レンジ

調理時間
10分

片栗粉入りの調味液が、ぶりによくからむので何度も返す必要なし

ぶりの照り焼き

材料（2人分）

ぶり…2切れ
塩…少々

合わせ調味料
しょうゆ…大さじ1
酒…大さじ1
砂糖…大さじ1
片栗粉…小さじ1/2

トッピング
ししとう…6本
塩、こしょう…各少々

1 ぶりは塩をふって5分ほどおき、ペーパータオルで水気を
ふき、耐熱容器に入れる。混ぜた合わせ調味料をかけ、
ラップをかけて電子レンジで4分加熱する。熱いうちにた
れをからめる。

2 ししとうは切り込みを入れ、塩、こしょうをふり、耐熱
容器に入れてラップをかけ、電子レンジで40秒加熱する。

3 1を器に盛り、2を添える。（星野奈々子）

お助けアイテム 電子レンジ

調理時間 **5分**

調理時間 **10分**

チキンとかぼちゃのホットサラダ

マヨネーズ、ポン酢しょうゆ、マスタードなどを合わせるだけでお店級のソースに

材料（2人分）

サラダチキン（プレーン）…1枚（120g）
かぼちゃ（薄切り）…100g
オクラ…5本

合わせ調味料

マヨネーズ…大さじ2
ポン酢しょうゆ…大さじ1
粒マスタード…小さじ1
にんにくのすりおろし…小さじ1/2
粗びき黒こしょう…少々

トッピング

くるみ（粗く砕く）…適量

1 サラダチキンは5mm幅に切り、オクラはがくの部分を切り落とし、斜め半分に切る。ボウルに合わせ調味料を入れ、混ぜ合わせる。

2 耐熱皿にかぼちゃ、1のチキン、オクラを交互に重ねるように盛りつける。ラップをかけ、電子レンジで3〜4分加熱し、合わせ調味料をかけてくるみを散らす。（高橋善郎）

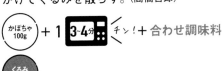

ラタトゥイユ

全体を混ぜて再度加熱するのが均一に火を入れるポイント

材料（2人分）

ズッキーニ…1本
パプリカ（赤・黄）…各1/2個
トマト水煮缶（カットタイプ）…1/2缶
塩、こしょう…各少々

合わせ調味料

コンソメスープの素（顆粒）
…小さじ1
オリーブオイル…小さじ1
砂糖…小さじ1/2

1 ズッキーニは1cm厚さの半月切り、パプリカは乱切りにする。

2 耐熱容器に1とトマト水煮缶、合わせ調味料を入れ、ふんわりとラップをかけて電子レンジで5分加熱する。

3 全体をざっくりと混ぜてラップをかけずにさらに電子レンジで4分加熱し、全体を混ぜて塩、こしょうで味を調える。（北嶋佳奈）

かにかまと水菜のしょうが蒸し

一緒にレンジ蒸しにすることで、加熱しながらおいしい風味を移します

お助けアイテム
電子レンジ

調理時間
10分

材料（2人分）

かに風味かまぼこ…120g

水菜…80g

にんじん…1/2本（60g）

長ねぎ…1/2本

しょうが…1片（20g）

合わせ調味料A

ポン酢しょうゆ…大さじ3

柚子こしょう…小さじ1/2

合わせ調味料B

塩…少々　酒…大さじ3

1 水菜は5cm長さに切り、にんじんは短冊切り、長ねぎは1cm幅の斜め切り、しょうがは千切りにする。小さめの器に合わせ調味料Aを入れて混ぜ合わせ、たれを作る。

2 耐熱皿にかに風味かまぼこ、1の野菜をバランスよくのせて合わせ調味料Bをかける。ラップをかけ、電子レンジで 5分加熱し、適宜たれをつけて食べる。（高橋善郎）

バターonきのこ

3種のきのこでうまみの相乗効果をレンチンしたらバターも加え、コクをプラス

お助けアイテム
電子レンジ

調理時間
5分

材料（2人分）

しめじ…1/2袋

まいたけ…1/2パック

えのきたけ…1/2袋

バター…10g

ポン酢しょうゆ…大さじ1

トッピング

青ねぎ（小口切り）…適量

1 しめじとまいたけは石づきを落としてほぐす。えのきたけは根元を切り落とし、半分に切る。

2 1を耐熱容器に入れ、ふんわりとラップをかけ、電子レンジで3分加熱する。バターとポン酢しょうゆを加えて混ぜ、器に盛って青ねぎを散らす。（北嶋佳奈）

調理時間
3分

桜えびとズッキーニのナムル

レンジ加熱で火の入ったズッキーニに、香ばしい桜えびと鶏ガラスープの深い味がマッチ

材料（2人分）

ズッキーニ…1本
桜えび…大さじ1

合わせ調味料

ごま油…小さじ1
鶏ガラスープの素…小さじ1
にんにくのすりおろし…小さじ1/3
しょうゆ…小さじ1

1 ズッキーニは薄い半月切りにし、耐熱容器に入れてふんわりとラップをかけ、電子レンジで1分30秒加熱する。

2 1の水気をきって桜えびと合わせ調味料を加え、からめる。
（北嶋佳奈）

調理時間
10分

青のりとコーンのツナポテトサラダ

レンジで加熱したらあとは混ぜるだけ！

いつもの味とはひと味違うポテトサラダに

材料（2人分）

じゃがいも…350g　　コーン缶…大さじ3
塩…ひとつまみ
こしょう…少々　　ツナ缶（水煮）…30g

合わせ調味料

青のり…小さじ2
マヨネーズ…大さじ2〜3
牛乳…大さじ2

トッピング

サラダ菜（好みで）…適量

1 耐熱ボウルに水をくぐらせたじゃがいもを皮つきのまま入れ、電子レンジで5分加熱する。皮を外してフォークでつぶし、塩、こしょうをふって混ぜる。

2 1に残りの材料と合わせ調味料を入れて混ぜる。器に盛り、好みでサラダ菜を添える。（結城寿美江）

お助けアイテム
電子レンジ

調理時間
5分

にんじんのツナ和え

にんじんがツナのうまみを吸い込んで
味わい深い野菜おかずに

材料（2人分）

にんじん…1本（150g）　　ツナ缶（水煮）…1缶（70g）

合わせ調味料

塩…小さじ1/4　　黒こしょう…少々

1　にんじんは千切りにして耐熱ボウル
　　に入れ、合わせ調味料とツナを汁ご
　　と入れて軽く混ぜ、ラップをかけて電
　　子レンジで3分加熱する。（星野奈々子）

お助けアイテム
電子レンジ

調理時間
3分

ブロッコリーのアヒージョ風

レンチンでにんにくを焦がす心配もなし！
2分で香りづけが可能に！

材料（2人分）

ブロッコリー…1/2個（正味100g）

にんにく…1片

合わせ調味料

オリーブオイル　　塩…小さじ1/4
…大さじ2　　唐辛子の輪切り…1本分

1　ブロッコリーは小房に分ける。にんにくは
　　みじん切りにする。

2　耐熱容器に1と合わせ調味料を入れて軽く混ぜ、ラッ
　　プをかけて電子レンジで2分加熱する。（星野奈々子）

お助けアイテム
電子レンジ

調理時間
5分

パプリカのナムル

レンチンなら加熱と味つけの同時
調理ができちゃう！
ごま油の香りが食欲を刺激します

材料（2人分）

パプリカ（赤）…1個

合わせ調味料

塩…小さじ1/4　　白いりごま
ごま油…小さじ1　　…小さじ1/2

1　パプリカは種とわたを取り除き、
　　細切りにする。

2　耐熱容器に1と合わせ調味料を入れ、ラップ
　　をかけて電子レンジで3分加熱する。
　　（星野奈々子）

お助けアイテム
電子レンジ

調理時間
5分

かぼちゃのサラダ

くるみの食感とコク、レーズンの自然な甘みで
蒸しただけのかぼちゃがおいしいおかずに

材料（2人分）

かぼちゃ…1/4個　　くるみ…20g
レーズン…30g

1　かぼちゃは種とわたを取り除き、さっ
　　と水にくぐらせてラップで包み、電子
　　レンジで5分加熱する。

2　1を皮を除いてボウルに入れてつぶし、レー
　　ズンとくるみを加えて混ぜる。（星野奈々子）

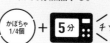

ラップなしで、加熱するだけ。仕上げのバターと生クリームで味をランクアップ

バターチキンカレー

材料（1人分）

ご飯 …茶碗1杯分
鶏もも肉…1/2枚（150g）
玉ねぎ…1/4個

合わせ調味料A
トマト水煮缶（カットタイプ）…100g
水…100ml
カレールー（市販品）…40g
にんにくのすりおろし
…小さじ1/2

合わせ調味料B
生クリーム…50ml
バター…10g

1 鶏肉は余分な脂を除き、一口大に切る。玉ねぎはみじん
切りにする。

2 耐熱ボウルに1と合わせ調味料Aを入れ、ラップをかけずに
電子レンジで6分加熱する。熱いうちに合わせ調味料Bを加
えて混ぜる。

まぜまぜ

3 器に盛り、ご飯を添える。（星野奈々子）

親子丼

レンチンなら火を入れすぎることなく
ちょうどいい加減の卵とじに

材料（1人分）

ご飯
…茶碗1杯分

鶏もも肉…1/2枚

玉ねぎ…1/4個

溶き卵…1個分

合わせ調味料

しょうゆ…大さじ1

みりん…大さじ1　　**トッピング**

砂糖…大さじ1　　三つ葉…適量

1 鶏肉は余分な脂を取り除き、一
口大に切る。玉ねぎは薄切りに
する。

2 耐熱皿に**1**をのせて合わせ調味
料を加え、ラップをかけて電子
レンジで3分加熱する。

1 ＋ しょうゆ 大さじ1 ＋ みりん 大さじ1 ＋ 砂糖 大さじ1 ＋ 3分 チン！

3 **2**に溶き卵を加え、ラップをかけ
ずにさらに1分加熱する。

2 ＋ 溶き卵 1個分 ＋ 1分 チン！

4 器にご飯を盛り、**3**をのせてざく切り
にした三つ葉をのせる。（星野奈々子）

ベーコンと卵のチャーハン

半熟寸前の卵でご飯の粒をコーティング
ほどよく水分がとびパラパラに！

材料（1人分）

ご飯…200g

ベーコン…2枚

溶き卵…1個分

長ねぎ…1/2本

塩、こしょう…各少々

合わせ調味料

しょうゆ…小さじ1/2

ごま油…小さじ1

1 長ねぎはみじん切りにし、ベー
コンは1cm四方に切る。

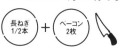

2 耐熱容器に**1**と溶き卵を入れ、ラッ
プをかけずに電子レンジで1
分加熱する。ご飯と合わせ調味
料を加えて混ぜ、さらに電子レ
ンジで2分加熱して混ぜ、塩、こ
しょうで味を調える。

（星野奈々子）

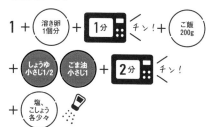

スモークサーモンは時間差で加えているから、身がパサつかずにふっくら

サーモンときのこのクリームパスタ

材料（1人分）

スパゲッティ（1.6mm・
ゆで時間 7分のもの）…70g
スモークサーモン…50g
しめじ…1/2袋（50g）
生クリーム…50ml
パルミジャーノ・
レッジャーノ…10g

合わせ調味料
水…200ml
塩…小さじ1/4

トッピング
粗びき黒こしょう…少々

1 しめじは石づきを落とし、小房に分ける。

しめじ 1/2袋

2 耐熱容器に半分に折ったスパゲッティを入れ、合わせ調味料を加えて
ラップをかけずに電子レンジで7分加熱する。

スパゲッティ 70g ＋ 水 200ml 塩 小さじ1/4 ＋ 7分 チン！

3 2を軽く混ぜて1とスモークサーモン、生クリームを加え、さらに3分加
熱し、すりおろしたパルミジャーノ・レッジャーノを加えて混ぜる。
器に盛り、黒こしょうをふる。（星野奈々子）

2 ＋ 1 ＋ スモークサーモン 50g ＋ 生クリーム 50ml ＋ 3分 チン！＋ パルミジャーノ・レッジャーノ 10g ＋ 黒こしょう 少々

お助けアイテム
電子
レンジ

調理時間
10分

ケチャップでコクと風味をアップ。加熱中にベーコンのうまみも溶け出します

なすとベーコンのトマトパスタ

材料(1人分)

スパゲッティ(1.6mm・
ゆで時間7分のもの)…70g

なす…1本

ベーコン…2枚

合わせ調味料

トマト水煮缶(カットタイプ)
…1/2缶(200g)

水…150ml

トマトケチャップ…大さじ2

塩…小さじ1/4

1 なすはへたを取り、乱切りにする。ベーコンは1cm四方に切る。

なす
1本 + ベーコン
2枚

2 耐熱容器に半分に折ったスパゲッティを入れ、合わせ調味料を加えてラップをかけずに電子レンジで7分加熱する。

スパ
ゲッティ
70g + トマト
水煮缶
カットタイプ
1/2缶 + 水
150ml + トマト
ケチャップ
大さじ2 + 塩
小さじ1/4 + 7分 チン!

3 2を軽く混ぜて1を加え、さらに3分加熱する。　(星野奈々子)

2 + 1 + 3分 チン!

39

アーモンドパン粉なら、揚げなくてもサクッカリッ!

白身魚のアーモンドパン粉焼き

材料(2人分)

白身魚(たら、たいなど)…2切れ	塩…少々
アーモンド(あれば生のもの)…20g	薄力粉…小さじ2

合わせ調味料 　　　　　　トッピング

パン粉…大さじ2	粉チーズ	好みでサラダ菜、
パセリのみじん切り、	…小さじ1	トマト…各適量
こしょう(黒)…各少々		

① 白身魚は塩をふって10分ほどおき、ペーパータオルで水気をふく。クッキングシートに並べ、少量の水で溶いた薄力粉を片面に塗る。

② アーモンドは細かく砕いて合わせ調味料と合わせ、1にたっぷりとかける。

③ オーブントースターできつね色になるまで10分焼く。器に盛り、サラダ菜とトマトを添える。
(北嶋佳奈)

ズッキーニの芯を
くり抜いて肉詰めにすれば
即メイン級おかずに

ズッキーニの
肉詰めボート

材料(2人分)

ズッキーニ…1本　合いびき肉…120g　ピザ用チーズ…30g

合わせ調味料A　　　　　合わせ調味料B

片栗粉…大さじ1	ウスターソース…小さじ2	パセリ(みじんぎり)
酒…大さじ1	トマトケチャップ…大さじ2	…適量

① ズッキーニは縦半分に切る。切り込みを入れてからスプーンで中身をくりぬき、中身は粗く刻む。

② 刻んだズッキーニと合いびき肉、合わせ調味料Aをよく混ぜる。

③ 1のズッキーニに片栗粉(分量外)をまぶし、2、チーズをのせてトースターまたはグリルで10分焼く(こげそうだったらアルミホイルをのせる)。

④ 3を皿に盛り、合わせ調味料Bを混ぜてかけ、パセリを散らす。
(北嶋佳奈)

簡単! 時短調理が可能! トースターレシピ

COLUMN

火の通りの早い食材をトースターで焼くだけで完成!

サーモンとアスパラのチーズ焼き

材料(2人分)

スモークサーモン…80g	ピザ用チーズ…50g
アスパラ…6本	ブラックオリーブ(輪切り)…20g
トマト…小1個	塩、粗びき黒こしょう、パン粉、
まいたけ…1袋(120g)	オリーブオイル…各適量

① アスパラは大きいはかまの部分をピーラーでむいて軸の固い部分はキッチンバサミで切り落とす。トマトはキッチンバサミでざく切りにし、まいたけはほぐす。

② 耐熱皿の上にアルミホイルを敷き、1をバランスよくのせる。隙間にサーモン、オリーブをのせ、塩、こしょう、チーズ、パン粉をかけ、オリーブオイルを回しかける。トースターで12〜15分ほど表面に焼き色がつくまで加熱する。
(高橋善郎)

濃厚なさばみそが
アボカドやチーズによくからんで
和洋折衷な味に!

さばみそ缶の
チーズグリル

材料(2人分)

さば缶(みそ煮)…1缶(200g)
パン…適量
パプリカ(赤)…1個
アボカド…1個
ピザ用チーズ…60g

合わせ調味料

オリーブオイル…小さじ2
ドライパセリ、粗びき黒こしょう…各小さじ1/2

① パプリカはへたとわたを取り除き、乱切りにする。アボカドは種を取って皮をむき、2cm幅の角切りにする。

② ボウルに1、合わせ調味料、さば缶を缶汁ごと入れ、さばをほぐしながら和える。

③ 耐熱皿に2を入れ、チーズをまんべんなく散らす。オーブントースターで10〜15分、全体に焼き色がつくまで加熱し、好みでパンを添える。
(高橋善郎)

PART

3

揚げる・煮る・炒める色々できちゃう!

簡単フライパンレシピ

焼く、炒めるだけじゃない! フライパンは揚げ物・煮物・
蒸し物、何でもできちゃう万能選手。フライパンを使うことで、
揚げ物の油は少なく、煮時間は短時間に。調理の可能性が
ぐっと広がり、面倒な調理を楽にブラッシュアップしてくれます。

お助けアイテム
フライパン
de揚げ物

調理時間
30分

下味済みの鶏肉に片栗粉をまぶして最小限の油で揚げ焼きにするだけ！

鶏の丸ごと揚げおろしポン酢のせ

材料（2人分）

鶏もも肉…1枚（300g）
にんにくのすりおろし、しょう
がのすりおろし…各1片
レモン（スライス）…3枚
片栗粉、サラダ油…各適量

合わせ調味料

塩…小さじ1/2
こしょう…少々
オリーブオイル…大さじ1/2

トッピング

大根おろし、ポン酢しょうゆ、
スプラウト、レモンなど（好みで）…各適量

1 鶏肉は余分な脂を取り除き、ポリ袋に入れる。にんにくとしょうがのすりおろし、レモン、合わせ調味料とともにもみ込み、15分ほどおく。レモンを取り出して片栗粉をまぶす。

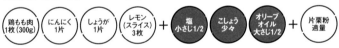

鶏もも肉 1枚（300g） ＋ にんにく 1片 ＋ しょうが 1片 ＋ レモン（スライス） 3枚 ＋ 塩 小さじ1/2 ＋ こしょう 少々 ＋ オリーブオイル 大さじ1/2 ＋ 片栗粉 適量

2 フライパンにサラダ油を熱し、**1**を皮目から入れて中火で揚げ焼きにする。片面にこんがりと焼き色がついたら裏返し、同様に揚げ焼きにする。

サラダ油 適量 ＋ **1**

3 **2**を食べやすい大きさに切って器にのせる。好みで大根おろし、スプラウトをのせてポン酢しょうゆをかけ、レモンを添える。

（結城寿美江）

POINT

丸ごと揚げ焼きにするから、衣づけも返す手間も1回でOK。つかんだときにチリチリするのが伝わってきたら揚げ上がりのサイン。

調理時間 **10分**

下味のついた甘塩ざけで時短。
面積の広いフライパンなら揚げムラなし！

さけの香草パン粉揚げ

材料（2人分）
甘塩ざけ…2切れ
薄力粉…大さじ2
溶き卵…1個分
パン粉…大さじ4
粉チーズ…大さじ1
ドライパセリ…小さじ1
サラダ油…大さじ4

トッピング
プチトマト、ベビーリーフ
…各適量

1 さけは骨を抜いて3等分に切り、薄力粉、溶き卵、混ぜ合わせたパン粉、粉チーズ、ドライパセリの順にまぶす。

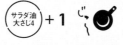

2 フライパンにサラダ油を熱し、1を入れて両面に焼き色がつくまで揚げ焼きにする。

3 器に盛り、プチトマト、ベビーリーフを添える。（星野奈々子）

フライパンで揚げ焼きに！　少ない油で済むから経済的

生ハムとれんこんとアボカドの春巻き

材料(2人分)

春巻きの皮…8枚
生ハム…16枚
れんこん…1/2節
アボカド…1個
サラダ油…大さじ4

スイートチリソース、
レモン(あれば)…各適量

1 れんこんは皮をむいて1cm角の棒状に切る。アボカドは皮と種を取り、同様に切る。

れんこん 1/2節 ＋ アボカド 1個 🔪

2 春巻きの皮に生ハム2枚と1を1/8量ずつのせて包む。

春巻きの皮 8枚 ＋ 生ハム 16枚

3 フライパンにサラダ油を熱し、2を入れてきつね色になるまで揚げ焼きにする。器に盛り、あればスイートチリソースとレモンを添える。(星野奈々子)

サラダ油 大さじ4 ＋ 2 🍳

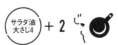

POINT

表面積の広いフライパンなら一気揚げが可能。低温から揚げると、焦げずに中まで火が入る。厚みがあるから、表裏・左右と返して揚げ焼きに。

お助けアイテム
フライパン
de揚げ物

調理時間
15分

焦げやすいチーズは火加減に注意。ハーブ衣は余ったら冷凍保存OK

ハムとチーズ入り
はんぺんのハーブ衣焼き

材料（2人分）

はんぺん…1枚

ハム…2枚

スライスチーズ…2枚

薄力粉…適量

溶き卵…1個分

オリーブオイル…大さじ2

合わせ調味料

パン粉…1/2カップ

ドライバジル、

粗びき黒こしょう、

粉チーズ…各小さじ1

1 はんぺんは半分に切り、厚みに切り込みを入れる。ハムとチーズを重ねて半分に切ったものをはさむ。ボウルに合わせ調味料を入れて混ぜ合わせる。

(はんぺん 1枚) + (ハム 2枚) + (スライス チーズ 2枚) + ((パン粉 1/2カップ)(ドライ バジル 小さじ1)(粗びき 黒こしょう 小さじ1)(粉チーズ 小さじ1))

2 1のはんぺんに薄力粉をまぶし、溶き卵にくぐらせ、合わせ調味料を両面につける。

1 + (薄力粉 適量) + (溶き卵 1個分) + 合わせ調味料

3 温めたフライパンにオリーブオイルをひき、2を入れ、弱火～中火で両面にしっかり焼き色がつくまで加熱する。食べやすい大きさにカットし、器に盛りつける。（高橋善郎）

(オリーブ オイル 大さじ2) + 2

45

調理時間 **15分**

揚げ焼きの油はフライパンの高さ1cmを目安に

揚げ焼きスコッチエッグ アイオリマヨネーズ

材料（2〜3人分）

合いびき肉…400g
ゆで卵…3個
薄力粉、溶き卵、パン粉、
サラダ油…各適量

合わせ調味料A

トマトケチャップ…大さじ1
塩、粒マスタード、
粗びき黒こしょう…各小さじ1
にんにくのすりおろし、
ドライバジル…各小さじ1/2

合わせ調味料B

マヨネーズ…大さじ3
オリーブオイル…大さじ1
にんにくのすりおろし…小さじ1

トッピング

チャービル、パプリカパウダー
（あれば）…各少々

1 ボウルに合いびき肉と合わせ調味料Aを混ぜ、4等分にする。別の容器に合わせ調味料Bを混ぜ合わせ、ソースを作る。

[合いびき肉400g + トマトケチャップ大さじ1 + 塩小さじ1 + 粒マスタード小さじ1 + 粗びき黒こしょう小さじ1 + にんにくのすりおろし小さじ1/2 + ドライバジル小さじ1/2] こねこね

((マヨネーズ大さじ3 + オリーブオイル大さじ1 + にんにくのすりおろし小さじ1))

2 ラップを敷き、1/3量ずつ分けたたねを広げ、ゆで卵をのせて包む。薄力粉をまぶし、溶き卵にくぐらせ、パン粉をまぶす。

1の肉だね + ゆで卵3個 + 薄力粉適量 + 溶き卵適量 + パン粉適量

3 温めたフライパンにサラダ油をひき、2を入れる。弱火でときどき転がしながら全体がきつね色になるまで揚げ焼きにし、まな板に移して5分ほどおく。器にソースを敷き、半分にカットしたスコッチエッグをのせる。あれば、チャービルを添え、パプリカパウダーをふる。（高橋善郎）

サラダ油適量 + 2

お助けアイテム
フライパン焼き

調理時間
40分

豪華に見えて、じつはマリネしておいたえびを焼くだけと手軽！

ガーリックシュリンプ

材料（2人分）

ブラックタイガー…16尾
にんにくのみじん切り…4片分
オリーブオイル…大さじ5
塩…小さじ2/3
白ワイン…大さじ3
バター…10g

トッピング
粗びき黒こしょう…適量

1 ブラックタイガーはさっと水洗いし、水気をよくふき取る。殻の上から背に切り込みを入れ、あれば背わたを取る。

(ブラック
タイガー
16尾)

2 ボウルにオリーブオイル、にんにく、塩を合わせ、えびを加えて軽くもみ、30分以上おく。

1 + (オリーブ
オイル
大さじ5) (にんにくの
みじん切り
4片分) (塩
小さじ2/3)

3 フライパンに**2**を油ごと入れ、弱めの中火でにんにくの香りが立ち、えびの色が変わるまで加熱する。白ワインを加えて煮立ててアルコールをとばし、仕上げにバターを落とす。器に盛り、黒こしょうをふる。(Shiori)

2 + (白ワイン
大さじ3) (バター
10g) (粗びき
黒こしょう
適量)

POINT
風味よく仕上げるために、焼き上がりにバターをプラス。最後に入れることで、こっくりとしたおいしさ、香りが引き立ちますよ！

細い骨が見えてきたら鶏手羽の煮上がりのサイン
トマト缶はケチャップ大さじ2で代用可

お助けアイテム
フライパン
de 煮込み

調理時間
45分

鶏手羽元のビネガー煮込み

材料(2人分)

鶏手羽元…8本

塩、こしょう…各適量

薄力粉…適量

玉ねぎ…1/2個

マッシュルーム…1パック

サラダ油…小さじ1

水…300ml

合わせ調味料

トマト水煮缶(カットタイプ)
…1缶(400g)

りんご酢または、
白ワインビネガーか酢…50ml

砂糖…小さじ1

コンソメスープの素(固形)…1個

トッピング

生クリーム(好みで)…100ml

ブロッコリー…1/2個

1 玉ねぎは繊維に沿って薄切りにし、マッシュルームも薄切りにする。鶏手羽元は塩、こしょうをふり、軽く薄力粉をまぶす。

(玉ねぎ 1/2個)(マッシュ ルーム 1パック) + [(鶏手羽元 8本) + (塩、こしょう 各適量) + (薄力粉 適量)]

2 フライパンにサラダ油をひいて中火にかけ、1の鶏肉を入れる。表面に焼き色がついたら取り出し、玉ねぎとマッシュルームを炒める。

[(1の鶏肉) + (サラダ油 小さじ1)] [(1の玉ねぎ) + (1の マッシュ ルーム)]

3 鶏肉を戻し、水を加えて沸いたらアクを取り、合わせ調味料を加えて弱火〜中火のポコポコ沸いている状態で30分煮込む。

(水 300ml) + (トマト 水煮缶 1缶) + (りんご酢 50ml) + (砂糖 小さじ1) + (コンソメ スープの素 (固形) 1個) + **30分 煮込む**

4 好みで生クリームを加え、小房に分けたブロッコリーをさっとゆでて添える。(タサン志麻)

ブロッコリー 1/2個

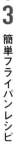

お助けアイテム フライパン で煮込み

調理時間 **20**分

豆腐を加え、つなぎなしで仕上げた鶏だんごは、ふっくら柔らか

鶏だんごとしめじの クリーム煮

材料（2人分）

鶏ひき肉…150g
豆腐…50g
パン粉…20g
塩…適量

しめじ…1/2袋（50g）
玉ねぎ…1/4個（50g）
バター…10g
薄力粉…大さじ2

水…300ml
牛乳…150ml

1 ボウルに鶏ひき肉、豆腐、パン粉、塩小さじ1/4を入れてよく混ぜ合わせる。

鶏ひき肉150g ＋ 豆腐50g ＋ パン粉20g ＋ 塩小さじ1/4

2 しめじは石づきを落とし、小房に分ける。玉ねぎは薄切りにする。

しめじ1/2袋（50g） ＋ 玉ねぎ1/4個（50g）

3 フライパンにバターを熱し、玉ねぎ、しめじを入れて中火でしんなりするまで炒め、薄力粉をまぶし、粉っぽさがなくなるまで炒める。

バター10g ＋ 2 ＋ 薄力粉大さじ2

4 水と塩小さじ1/2を加え、煮立ったら1を一口大に丸めて入れる（約8個分）。ふたをして弱めの中火で5分ほど煮て、牛乳を加えて温める。

（星野奈々子）

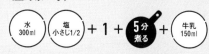

水300ml ＋ 塩小さじ1/2 ＋ 1 ＋ 5分煮る ＋ 牛乳150ml

転がしながら焼くお手軽ミートボール
フライパンで煮込んで深みのあるリッチな味わいに

調理時間
20分

ミートボールトマト煮込み

材料（2人分）

合いびき肉…400g　　　玉ねぎ…1/2個

オリーブオイル…大さじ1

生クリーム（あれば）…適量

合わせ調味料A

パン粉…大さじ3　　　塩、こしょう

牛乳…大さじ3　　　　…各少々

合わせ調味料B

トマト水煮缶（カットタイプ）…1缶（200g）

にんにくのみじん切り…1片分

コンソメスープの素（顆粒）…大さじ1

砂糖…小さじ1/2

塩、こしょう…各少々

1 玉ねぎはみじん切りにする。ボウルにひき肉、玉ねぎ、合わせ調味料Aを入れてよく混ぜ、12等分にして丸める。

2 フライパンにオリーブオイルを熱し、1を転がしながら焼く。全体に焼き色がついたら、余分な油をペーパータオルでふき取り、合わせ調味料Bを加えて混ぜる。

3 2が沸騰してきたらふたをして弱火で10分煮込み、火を止めてあれば、生クリームをかける。（木村遥）

POINT

フライパンで転がすように焼くことで丸いミートボールの形に仕上がります。

お助けアイテム フライパン 煮込み

調理時間 **20分**

オーブンを使わず、フライパン1つで
できちゃう絶品グラタン！

鶏とアボカドの
グラタン風

材料（2人分）

鶏もも肉…1枚　　　　　　塩、こしょう…各少々　　　合わせ調味料
アボカド…1個　　　　　　バター…20g　　　　　　牛乳…200ml
玉ねぎ…1/4個　　　　　　薄力粉…大さじ1　　　　　コンソメスープの素（顆粒）…小さじ2
パン粉…大さじ3　　　　　ピザ用チーズ…大さじ3　　あれば白ワイン（あれば）…大さじ1
オリーブオイル…大さじ1

1　フライパンにパン粉とオリーブオイル（半量）を入れ、オリーブオイルが
　なじむまでよく混ぜる。中火にかけて焼き色がつくまで炒めて取り出す。

2　鶏肉は一口大に切って、塩とこしょうをふる。玉ねぎは薄切り、ア
　ボカドは皮と種を取り、8等分に切る。フライパンに残りのオリーブ
　オイルを中火で熱し、鶏肉を入れて炒めて焼き色がついたら取り出
　す。フライパンをペーパータオルでふいてバターと玉ねぎを入れ、
　玉ねぎがしんなりするまで炒める。薄力粉を茶こしでふり入れ、全
　体になじむまで弱火で炒める。

3　2に合わせ調味料を少しずつ加えながらよく混ぜ、とろみがついたら
　鶏肉とアボカド、ピザ用チーズを加えて混ぜ、1をかける。（木村遥）

豚バラ肉が豆腐をメインに格上げ。玉ねぎ入りの甘辛ソースが絶品

豆腐の豚巻き オニオンバター照り焼き

材料（2人分）
木綿豆腐…1丁（300g）
豚バラ薄切り肉…200g
薄力粉…適量
トマト…1/4個
玉ねぎ…1/4個
大葉…8枚
バター…20g

合わせ調味料
みりん、酒…各大さじ2
しょうゆ…大さじ1と1/2
砂糖…小さじ1

トッピング
サニーレタス…適量

1　木綿豆腐は 長方形になるよう4等分に切る。ペーパータオルで包み、余分な水分をふき取り、薄力粉をまぶす。ボウルに角切りにしたトマト、すりおろした玉ねぎ、合わせ調味料を入れ、混ぜ合わせる。

木綿豆腐1丁（300g） 薄力粉適量 ＋ トマト1/4個 玉ねぎ1/4個 ＋ みりん大さじ2 酒大さじ2 しょうゆ大さじ1と1/2 砂糖小さじ1

2　豆腐に大葉をのせて、豚バラ肉で巻く。

1の豆腐 ＋ 大葉8枚 ＋ 豚バラ薄切り肉200g

3　温めたフライパンにバターと2を入れ、中火で全体に焼き色がつくまで加熱する。トマト、玉ねぎ、合わせ調味料を入れ、全体にからませ、サニーレタスと一緒に器に盛りつける。（高橋善郎）

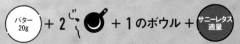

バター20g ＋ 2 ＋ 1のボウル ＋ サニーレタス適量

お助けアイテム
フライパンで焼き

調理時間
20分

みょうがの風味が爽やかで、めんつゆを使えば、失敗なし

焼き鶏の香味南蛮

材料（2人分）

鶏胸肉…1枚（300g）
片栗粉…適量
長ねぎ…1本
ししとう…10本
みょうが…3個
ごま油…大さじ1

合わせ調味料
めんつゆ（2倍濃縮）、酢…各100ml
水…大さじ2
しょうがのすりおろし…小さじ1/2
唐辛子（輪切り）…1本分

トッピング
白いりごま…適量

1 ぶつ切りにした鶏肉に片栗粉をまぶす。長ねぎは4〜5cm長さに切り、斜めに浅い切り込みを入れる。ししとうはへたを取り、みょうがは縦4等分に切る。ボウルに合わせ調味料を入れ、混ぜ合わせたらバットに流し入れる。

2 温めたフライパンにごま油をひき、鶏胸肉を入れ、中火で全体に焼き色がつくまで炒める。野菜を加え、全体に焼き色がつくまで焼いたら1のバットに漬ける。器に盛りつけ、白いりごまをふる。（高橋善郎）

調理時間
15分

時間がたってもシャキッと感が残るご飯に合うおかず

キャベツと豚バラ肉の梅みそ炒め

材料（2〜3人分）

キャベツ…1/4個
豚バラ薄切り肉…200g
サラダ油…大さじ1
ごま油…小さじ1
にんにく、しょうが…各1片

合わせ調味料
みそ…大さじ1
砂糖…小さじ1
みりん…大さじ1
梅干し（たたいてペースト状にする）…1個
酒…大さじ1

1 キャベツ、豚肉は一口大に切る。

(キャベツ 1/4個) (豚バラ 薄切り肉 200g) 🔪

2 フライパンにサラダ油を入れ、キャベツをさっと炒めて水分をとばしてざるに上げておく。

(サラダ油 大さじ1) + (1の キャベツ)

3 2のフライパンにごま油を入れ、にんにくとしょうがのみじん切りを加えて炒め、香りが出たら豚肉を加えてさっと炒める。

2 + (ごま油 小さじ1) + (にんにく、 しょうが 各1片) + (1の 豚肉)

4 3にキャベツを戻し入れ、合わせ調味料を加えてからめる。（タサン志麻）

3 + (みそ 大さじ1) (砂糖 小さじ1) (みりん 大さじ1) (梅干し ペースト状 1個) (酒 大さじ1)

お助けアイテム
フライパン
炒め

調理時間
15分

鶏もも肉とピーマンのオイスターマヨ照り焼き

マヨネーズを油代わりに。オイスターソースとまいたけがダブルでうまみをプラス

材料（2人分）

鶏もも肉…1枚
ピーマン…3個
薄力粉…小さじ1
まいたけ…1/2パック
マヨネーズ…大さじ1

合わせ調味料
酒…大さじ1
オイスターソース
…大さじ1
砂糖…小さじ1

1 鶏もも肉は大きめの一口サイズに切り、薄力粉をまぶす。ピーマンはへたと種を除いて乱切りにする。まいたけはほぐす。

(鶏もも肉 1枚) ＋ (薄力粉 小さじ1) ＋ (ピーマン 3個) ＋ (まいたけ 1/2パック)

2 フライパンにマヨネーズを熱し、鶏肉に焼き色がつくまで炒める。ピーマン、まいたけを加えてさっと炒め、合わせ調味料をからめる。（北嶋佳奈）

(マヨネーズ 大さじ1) ＋ (1の 鶏肉) ＋ (1の ピーマン) ＋ (1の まいたけ)

＋ (酒 大さじ1) (オイスター ソース 大さじ1) (砂糖 小さじ1)

ヨーグルトやケチャップなど、身近な材料で作れるので想像以上に手軽

香ばし野菜とタンドリーポーク

材料（2人分）

豚ロース肉…2枚
プチトマト…6個
ズッキーニ…1本
オリーブオイル…大さじ2

合わせ調味料

プレーンヨーグルト（無糖）
…大さじ4
トマトケチャップ…大さじ2
カレー粉…小さじ2
にんにくのすりおろし…小さじ1
しょうがのすりおろし…小さじ1
塩、こしょう…各小さじ1/4

トッピング

アーモンド（軽く砕く）…適量

1 豚肉の脂身の部分に包丁で切り込みを入れる。ボウルに合わせ調味料を入れて混ぜ、豚肉をつけ10分ほどおく。プチトマトはへたを取って横半分に切り、ズッキーニは7〜8mm厚さの輪切りにする。

2 温めたフライパンにオリーブオイルをひき、野菜を入れ、中火で全体に焼き色がつくまで炒め、器に盛りつける。そのままフライパンに豚肉を入れ、中火で両面を焼いて中まで火を通す。食べやすい大きさにカットして野菜の上にのせ、アーモンドを散らす。（高橋善郎）

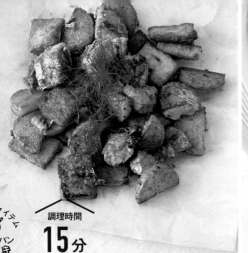

3 簡単フライパンレシピ ─ 焼き

さけ缶と長いもの 韓国風炒め

お助けアイテム フライパンde焼き

調理時間 **15分**

下処理いらずの缶詰や厚揚げで簡単調理

材料（2人分）

さけ缶（水煮）…1缶（220g）	厚揚げ…1/2枚（150g）
長いも…150〜200g	ごま油…大さじ1

合わせ調味料

酒…大さじ2	しょうゆ…大さじ1
コチュジャン…大さじ1	砂糖…大さじ1

トッピング　赤唐辛子（あれば）…適量

1 さけは水気をきり、身を粗くほぐす。長いもは皮つきのまま1cm厚さの半月切りにする。厚揚げは1cm幅の食べやすい大きさに切る。ボウルに合わせ調味料を入れ、混ぜ合わせる。

> さけ缶1缶 ＋ 長いも150〜200g ＋ 厚揚げ1/2枚
> 酒大さじ2 コチュジャン大さじ1 しょうゆ大さじ1 砂糖大さじ1

2 温めたフライパンにごま油を入れ、長いも、厚揚げを加えて中火〜強火で全体に焼き色がつくまで炒める。さけ、合わせ調味料を加えて手早く混ぜ合わせたら器に盛りつけ、あれば糸唐辛子をのせる。（高橋善郎）

> ごま油大さじ1 ＋ 1の長いも ＋ 1の厚揚げ ＋ 1のさけ ＋ 1の調味料

にんにくの風味と香ばしい手羽先の香りが胃袋を刺激！

鶏手羽先と じゃがいものソテー

調理時間 **10分**

材料（2人分）

鶏手羽先…6本	さやいんげん…8本
じゃがいも…小3個	にんにく…2片
塩…小さじ1/2	オリーブオイル…大さじ2

1 鶏手羽先は両面に塩をまぶす。じゃがいもは皮つきのまま半分に切る。さやいんげんはへたを落とす。にんにくは半分に切って芯を取る。

> 鶏手羽先6本 ＋ 塩小さじ1/2 ＋ じゃがいも小3個
> さやいんげん8本 ＋ にんにく2片

2 フライパンにオリーブオイルを熱し、にんにくを入れて弱火で香りが出るまで炒める。手羽先とじゃがいも、さやいんげんを入れて中火で5分焼く。手羽先を裏返し、ふたをしてさらに3分焼く。（星野奈々子）

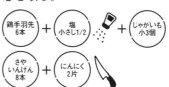

> オリーブオイル大さじ2 ＋ 1 ＋ 5分焼く ＋

手羽先を裏返し ＋ **3分焼く**

57

調理時間 10分

しゃぶしゃぶ肉で煮込み時間を時短に。たった5分でコクうまな味わいに

豚しゃぶチーズカレー

材料（2人分）

ご飯…茶碗2杯分
豚バラ薄切り肉
（しゃぶしゃぶ用）…150g
玉ねぎ…1/2個
めんつゆ（3倍濃縮）…大さじ1
カレールー（市販品）…70〜80g

トッピング
パセリ、フライドオニオン
（あれば）…各適量
ピザ用チーズ…適量

1 玉ねぎは薄切りにする。豚肉は5cm幅に切る。

2 フライパンに1と水350ml（分量外）、めんつゆを入れて火にかける。煮立ったらふたをして弱めの中火で5分煮る。

3 火を止めてカレールーを溶き、再び火にかけてとろみがつくまで2〜3分煮る。器にご飯を盛り、あれば刻んだパセリ、フライドオニオンを散らし、カレールーの上にチーズをトッピングする。
（Shiori）

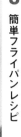

お助けアイテム
フライパン de 煮込み

調理時間 **5分**

調理時間 **10分**

きのことベーコンのクリームリゾット

数種類のきのこを使って奥深い味わいに。ベーコンはうまみが濃い濃いブロックタイプがおすすめ

材料（2人分）

ご飯…200g
エリンギ…1/2袋
しめじ…1/2袋
ベーコン（ブロック）…100g
玉ねぎ…1/4個
オリーブオイル…大さじ1

合わせ調味料

生クリーム …100ml

塩…小さじ1/4

黒こしょう…少々

水…100ml

1 ベーコンとエリンギは食べやすい大きさに切る。しめじは石づきを落とし、小房に分ける。玉ねぎはみじん切りにする。

2 フライパンにオリーブオイルを熱し、1を入れて中火でしんなりするまで炒める。合わせ調味料を加えて煮立て、ご飯を加えて3分ほど煮る。

（星野奈々子）

鶏ひき肉とグリンピースのマスタードクリームパスタ

まろやかなソースなので、味がよくからむフェットチーネが好相性

材料（2人分）

フェットチーネ…140g
鶏ひき肉…150g
オリーブオイル…大さじ1
水…400ml
塩…小さじ1/2

合わせ調味料

生クリーム…100ml
グリンピース（水煮缶詰）…1缶（正味55g）
粒マスタード…大さじ1

1 フライパンにオリーブオイルを熱し、ひき肉を入れて中火で色が変わるまで炒める。水と塩を加えて煮立て、半分に折ったフェットチーネを加えて6分ゆでる。

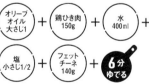

2 合わせ調味料を加えて混ぜながら水分が少なくなるまで煮詰める。

（星野奈々子）

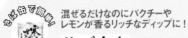

家飲みがもっと楽しくなる! 即席 おつまみレシピ

さば缶で簡単!
混ぜるだけなのにパクチーや
レモンが香るリッチなディップに!

サバ缶と
パクチーのディップ

材料 (2人分)
さば缶 (みそ煮)…1缶 (200g)
パクチー…1袋 (15g)
玉ねぎ…1/4個

合わせ調味料
マヨネーズ…大さじ4
オリーブ油、レモン汁、
さば缶の汁…各小さじ2
粗びき黒こしょう…小さじ1/2

トッピング
ピンクペッパー、クラッカー
…各適量

❶ さば缶は身と汁を分け、身をフォークなどで粗めにほぐす。パクチーはみじん切りにする (飾り用の葉を少し残す)。玉ねぎはみじん切りにし、ペーパータオルで余分な水分を取り除く。

❷ ボウルに1、合わせ調味料を入れ、混ぜる。器にパクチーの葉の部分と一緒に盛り、クラッカーを添える。好みでピンクペッパーを散らす。
(高橋善郎)

サラダチキンで簡単!
食べるラー油に調味料を
加えるだけで本格派の
味を再現

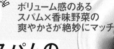

よだれどり風チキン

材料 (2人分)
サラダチキン…1袋

合わせ調味料
食べるラー油…大さじ2
酢…小さじ1
しょうゆ…小さじ1
砂糖…1つまみ

トッピング
パクチー (好みで)…適量

❶ サラダチキンは7〜8mm厚さの薄切りにして器に盛り、よく混ぜた合わせ調味料をかけ、3cm幅に切ったパクチーをのせる。
(吉田愛)

スパムで簡単!
ボリューム感のある
スパム×香味野菜の
爽やかさが絶妙にマッチ

焼きスパムの
薬味和え

材料 (2人分)
スパム缶…1/2缶 (約180g)
長ねぎ…1/2本
みょうが…2本
大葉…5枚
ポン酢じょうゆ…大さじ2
白ごま…適量
ごま油…小さじ2

❶ スパムは1.5〜2cm幅の角切りにする。長ねぎは斜め薄切りにし、みょうが、大葉は千切りにする。野菜は水にさらして、水気をきる。

❷ 温めたフライパンにごま油をひき、スパムを入れ、中火で全体に焼き色がつくまで加熱する。ボウルに1、ポン酢じょうゆを入れて和える。器に盛り、白ごまを散らす。(高橋善郎)

豆腐で簡単!
オクラの下処理と
豆腐の温めを
レンジで同時に

ねばねば
やっこ

材料 (1人分)
絹ごし豆腐…1/3丁 (100g)
オクラ…3本
長いも…50g
納豆 (付属のたれと合わせる)
…1パック
キムチ…30g
白いりごま…少々
ごま油…小さじ1

❶ オクラは小口切りにし、長いもはすりおろす。耐熱容器にオクラ、豆腐を入れてラップをかけ、電子レンジで2分加熱する。

❷ 1に納豆、キムチ、すりおろした長いもをのせてごま、ごま油をかける。
(木村遥)

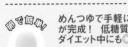

卵で簡単!
めんつゆで手軽に味玉
が完成! 低糖質で
ダイエット中にも◎

半熟味玉

材料 (4個分)
卵…4個
めんつゆ (3倍濃縮)…100ml
水…100ml

トッピング
小ねぎ (小口切り)…適量

❶ 鍋に湯を沸かし、卵を入れて6〜7分ゆでる。取り出して冷水で冷やし、殻をむく。

❷ ポリ袋にめんつゆと水を入れ、ゆで卵を入れて空気を抜くようにして口を縛り、冷蔵庫で3時間〜半日おく。

❸ 器に盛り、小ねぎを散らす。
(木村遥)

厚揚げで簡単!
ねぎの甘みにしらすのうまみと塩気
チーズのコクが合わさったヘルシーなつまみ

厚揚げのねぎしらすトースト

材料 (1人分)
厚揚げ…1枚 (100g)
長ねぎ…1/3本
しらす…大さじ2
粗びき黒こしょう…少々

合わせ調味料
しょうゆ…小さじ1
オリーブオイル…小さじ1
ピザ用チーズ…大さじ2

❶ 厚揚げを半分の厚さに切る。長ねぎを小口切りにする。

❷ 厚揚げに長ねぎ、しらすをのせて合わせ調味料をかける。オーブントースターで2〜3分焼き、こしょうをかける。
(木村遥)

PART

4

あと1品ほしい時に助かる!

和えるだけおかず

忙しいときや、メイン料理を頑張った時こそ、
副菜には手間も時間もかけたくない! そこで、
ほぼ切って和えるだけで手軽に作れるサブおかずだけを厳選。
作り方もシンプルだからすぐ覚えられちゃうレシピが満載です。

調理時間
5分

ヘルシーでも物足りなさはなく、タバスコの異国風味と辛さがアクセントに

サラダチキンと
アボカドのピリ辛コブサラダ

材料（2人分）

サラダチキン…1枚（100g）
アボカド…小1個
ゆで卵…1個
ミックスビーンズ…50g

合わせ調味料

マヨネーズ…大さじ2
トマトケチャップ…大さじ1
タバスコ…小さじ1/4

1 ゆで卵はくし形切りにして、さらに半分に切る。サラダチキンは1cm角に切る。アボカドは皮と種を取り、1cm角に切る。

（ゆで卵 1個）（サラダチキン 1枚）（アボカド 小1個）

2 器にサラダチキン、アボカド、ゆで卵、ミックスビーンズをそれぞれ一列に並べ、混ぜ合わせた合わせ調味料をかける。

（エダジュン）

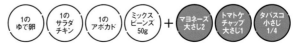

（1の ゆで卵）（1の サラダ チキン）（1の アボカド）（ミックス ビーンズ 50g） ＋ （マヨネーズ 大さじ2）（トマトケ チャップ 大さじ1）（タバスコ 小さじ 1/4）

お助けごはん
和える
だけおかず

調理時間
5分

お刺身にひと手間加えれば、おかず風サラダに
大変身！ たったの5分で作れます

韓国風お刺身サラダ

材料（2人分）

刺身盛り合わせ…2人分
（まぐろ、サーモン、いか、ほたてなど）
水菜…1株　長ねぎ…1/2本

合わせ調味料
コチュジャン、しょうゆ、ごま油…各大さじ1/2
酢…小さじ1　　砂糖…ふたつまみ
トッピング
白いりごま…適量

1 水菜は5cm長さに切る。長ねぎは斜めにごく薄
切りにする。

2 刺身はすべて1cm角に切る。合わせ調味料をよ
く混ぜ、刺身を和える。

3 器に合わせた1を盛り、2をのせ、白いりごま
を散らす。（Shiori）

1 + 2 + 白いりごま 適量

お助けごはん
和える
だけおかず

調理時間
5分

ほんのり香る、にんにく風味がアクセント
調味液とトマトが合わさった、まろやかな酸味が美味

たことトマトの
バジルマリネ

材料（2人分）

ゆでだこ…100g　　　　バジル…5〜6枚
プチトマト…10〜12個

合わせ調味料
オリーブオイル、酢…各大さじ1
塩…ふたつまみ
にんにくのみじん切り…1/2片分
粗びき黒こしょう…適量

1 プチトマトはへたを取って半分に
切る。たこは薄切りにする。

2 ボウルに1と合わせ調味料、ちぎっ
たバジルを入れて和える。（Shiori）

調理時間 **3分**

オリーブオイルやクレソンの風味が、和洋折衷な味へ
サーモンとクレソンのマリネ

材料(2人分)

サーモン(刺身用)…100～120g

クレソン…40g

クリームチーズ…40g

合わせ調味料

オリーブオイル…大さじ1と1/2

しょうゆ、みりん…各小さじ2

わさび…小さじ1/2

粗びき黒こしょう…適量

1 サーモンはぶつ切りにする。クレソンは3～4cm幅、クリームチーズは1～2cm角に切る。

2 ボウルに合わせ調味料を入れ、混ぜ合わせる。1を加え、和えたら器に盛りつける。

(高橋善郎)

材料（2人分）
まぐろ（刺身用・さく）…100g
焼き肉のたれ…大さじ1
大葉…2枚

トッピング
青ねぎの小口切り…大さじ1
卵黄…1個分

1 まぐろは1.5cm角に切ってボウルに入れ、焼き肉のたれを加えて和える。

2 器に大葉をのせて1を盛り、青ねぎを散らして卵黄をのせる。（星野奈々子）

お助けごはん **和える** だけおかず

調理時間 **3分**

にんにくをおろす手間もなく
和えるだけで豪華な一品が完成

まぐろのユッケ

お助けごはん **和える** だけおかず

調理時間 **5分**

ピクルスやディル、レモンが
アボカドや魚介を爽やかな印象に

サーモンのタルタル

材料（2人分）
サーモン（刺身用）…80g
アボカド…1/2個
クラッカー…適量

きゅうりのピクルス
…1〜2本
ディル…少々

合わせ調味料
レモン汁…小さじ1
マヨネーズ…大さじ1
塩、こしょう…各少々

1 サーモン、アボカドは1cm角に切る。きゅうりのピクルスはみじん切りにする。

2 ボウルに1と合わせ調味料を入れ、ディルをちぎって加えてよく和える。器に盛ってクラッカーを添える。（木村遥）

お助けごはん
和える
だけおかず

調理時間
5分

にんにく、しょうがをきかせた味つけが
ツナやアボカドにもマッチ

ツナとアボカドの
ユッケ風

材料(2人分)

ツナ缶(オイル漬け)…1缶(70g)
アボカド…1個　　　　卵黄…1個分
大葉(千切り)…5枚　白いりごま…適量

合わせ調味料
ごま油、しょうゆ…各小さじ2
にんにくのすりおろし…小さじ1/2
しょうがのすりおろし…小さじ1/2

1 アボカドは種を取り除き、皮をむいて1〜2cm
　　幅の角切りにする。

2 ボウルに1、ツナ、合わせ調味料を入れ、
　　混ぜ合わせる。器に盛りつけ、中央に大
　　葉、卵黄をのせて白いりごまをふる。(高橋善郎)

お助けごはん
和える
だけおかず

調理時間
5分

意外と糖質の低いアボカドをサラダに
豆の食物繊維でおなかいっぱいに

アボカドとトマトと
豆のサラダ

材料(2人分)

アボカド…1/2個　トマト…小1個
クリームチーズ…30g
ミックスビーンズ…50g

合わせ調味料
オリーブオイル…小さじ2　塩、粗びき黒こし
レモン汁…小さじ1　　　　ょう…各少々

トッピング
パセリのみじん切り(あれば)…少々

1 アボカド、トマトは2cm角に切る。クリー
　　ムチーズは1cm角に切る。

2 ボウルにミックスビーンズと合わせ調味
　　料を入れて混ぜ、1を加えて和える。あれ
　　ば、パセリを散らす。(北嶋佳奈)

材料（2人分）

アボカド…1個　クリームチーズ…2〜4個
　　　　　　　　　（種の大きさによって異なる）

合わせ調味料
わさび…小さじ1/4　しょうゆ…小さじ2

1　クリームチーズはボウルでよく練る。アボ
　　カドは縦に包丁を入れて種のまわりを1周
　　し、両手でねじるように回して2つに分け
　　る。包丁の刃元を種にさして取り除く。

2　くぼみにクリームチーズを詰め、8等分に
　　切り分ける。

3　器に盛り、混ぜた合わせ調味料を適量か
　　ける。またはつけていただく。（吉田愛）

お助けごはん **和える** だけおかず　調理時間 **5分**

濃厚なアボカドと、あっさりした酸味の
クリームチーズが好相性！

アボカドクリームチーズの わさびじょうゆがけ

※切る前に冷やした方が切りやすい。食べるまでに時間が
かかる場合はレモン汁を塗ってアボカドの変色を防ぐ。

お助けごはん **和える** だけおかず　調理時間 **3分**

材料すべてを和えるだけで即完成
アボカドのコクで全体をまろやかに

アボカドキムチ

材料（2人分）

アボカド…1個
白菜キムチ…100g
大葉…3枚

合わせ調味料
めんつゆ（3倍濃縮）…小さじ1/2
ごま油…小さじ1/2〜1

1　アボカドは種と皮を取り、1.5cm角に切る。
　　白菜キムチは粗めに刻む。

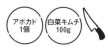

2　ボウルに1と合わせ調味料、ちぎった大葉
　　を入れて和え、器に盛る。（Shiori）

4

和えるだけおかず　｜アボカド

材料（2人分）

きゅうり…1本
しょうが（千切り）…1片
塩昆布…大さじ1
ごま油…大さじ1/2

トッピング
白いりごま…適量

1 きゅうりはへたを落とし、麺棒などでたたいて割れ目を入れ、指で食べやすい大きさに割る。

（きゅうり1本）

2 しょうが、塩昆布、ごま油と合わせて器に盛り、白いりごまを散らす。 (Shiori)

[しょうが（千切り）1片分 + 塩昆布大さじ1 + ごま油大さじ1/2] + （白いりごま適量）

お助けごはん
和える
だけおかず

調理時間
3分

和えている間に、塩昆布の塩分や
うまみがきゅうりに移る即席おかず

たたききゅうりの塩昆布和え

お助けごはん
和える
だけおかず

調理時間
5分

浅漬けもめんつゆを使えば手軽に
きゅうりは乱切りにして味なじみよく

きゅうりの浅漬け

材料（2人分）

きゅうり…2本
白いりごま…小さじ1
唐辛子（小口切り）…1本分

合わせ調味料
めんつゆ（3倍濃縮）…大さじ2
ごま油…大さじ1

1 きゅうりはへたを落とし、乱切りにする。

（きゅうり2本）

2 ボウルに1と合わせ調味料、白いりごま、唐辛子の小口切りを入れて混ぜ合わせる。
（星野奈々子）

1 + （めんつゆ（3倍濃縮）大さじ2）（ごま油大さじ1） + （白いりごま小さじ1）（唐辛子（小口切り）1本分） まぜまぜ

材料（作りやすい分量）

きゅうり…2本　　塩…ふたつまみ
さば缶（水煮）…1缶
白いりごま…小さじ2
合わせ調味料
めんつゆ（3倍濃縮）…大さじ1
酢…大さじ1
しょうがのすりおろし…小さじ1/4

1 きゅうりは薄切りにし、塩をふって軽く
もみ、5分おいて水気をしぼる。

2 ボウルに合わせ調味料、汁をきったさば、
きゅうり、白いりごまを入れて和え、器
に盛る。（吉田愛）

調理時間 **8分**

食感のいいきゅうりに、さばのコクが
行き渡った一品

さば缶ときゅうりの
ごま酢和え

材料（2人分）

きゅうり…1本　切り干し大根…20g
合わせ調味料
マヨネーズ…大さじ2
白いりごま…小さじ1
塩…少々

1 切り干し大根は熱湯をかけて戻し、ざる
に上げて冷水で洗って水気をしぼり、
5cm長さに切る。きゅうりはせん切りに
する。

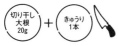

2 ボウルに1を入れて合わせ調味料を加え、
混ぜ合わせる。（星野奈々子）

調理時間 **3分**

切り干し大根は、熱湯をかけて
臭み抜きをすれば、サラダにもぴったり

切り干し大根と
きゅうりのサラダ

 お助けごはん 和える だけおかず

調理時間 **5分**

マヨネーズとごま油のコクうまなソースに、みょうがの香味がアクセント
豆腐とブロッコリーのみょうがマヨサラダ

材料(1人分)
絹ごし豆腐…ミニパック1丁(150g)
ブロッコリー…1/4個(60g)
サニーレタス…1枚
みょうが…2個

合わせ調味料
マヨネーズ…大さじ1
ごま油、しょうゆ…各小さじ1

1 耐熱ボウルに小房に分けて水に濡らしたブロッコリーを入れ、ふんわりとラップをかけて電子レンジで2分ほど温める。

ブロッコリー 1/4個 (60g) + 2分 チン！

2 絹ごし豆腐は半分に切ってから、5mm厚さに切る。サニーレタスは手でちぎる。みょうがは1個は小口切り、もう1本はみじん切りにして合わせ調味料を混ぜる。(エダジュン)

[絹ごし豆腐ミニパック1丁 + サニーレタス葉1枚] + [みょうが2個 + マヨネーズ大さじ1 + ごま油、しょうゆ各小さじ1 まぜまぜ]

3 器にサニーレタス、ブロッコリーと豆腐を盛りつけ、合わせ調味料をかけて小口切りのみょうがを散らす。(エダジュン)

2のサニーレタス + 1のブロッコリー + 2の豆腐 + 合わせ調味料 残りのみょうが

材料（2人分）

絹ごし豆腐…150〜200g
白菜キムチ…100g　　納豆…1パック

合わせ調味料
ごま油、しょうゆ、
しょうがのすりおろし…各小さじ1

トッピング
白いりごま…適量

1 水気をきった豆腐をスプーンですくって器に盛る。

2 ボウルに白菜キムチ、納豆、合わせ調味料を入れ、混ぜる。1にかけ、白ごまをふる。（高橋善郎）

お助けごはん
和えるだけおかず
調理時間
3分

発酵食品同士の相乗効果でおいしさは
もちろん美容効果や免疫力アップにも期待

崩しやっこの
キムチ納豆のせ

お助けごはん
和えるだけおかず
調理時間
3分

さばをほぐして和えれば
野菜やラー油となじみ新鮮な味わいに！

さば缶の食べラーやっこ

材料（2人分）

絹ごし豆腐…1丁（300g）
さば缶（オイル漬け）…1缶（150g）
貝割れ菜…1パック（40g）
食べるラー油（市販品）…約大さじ2

1 根元をカットした貝割れ菜は1.5〜2cm長さに切る。ボウルにさば缶を缶汁ごと入れ、食べるラー油を加える。さばの身をほぐしながら混ぜ、貝割れ菜も加えて和える。

2 水気をきった豆腐は食べやすい大きさに切って器に盛り、1をかける。（高橋善郎）

調理時間
7分

ささみとザーサイの中華冷ややっこ

食感のいいザーサイとしっとりささみが、冷ややっこをおいしくボリュームアップ

材料(2人分)

絹ごし豆腐…1/2丁
ささみ…1本
酒…小さじ1
塩…少々
ザーサイ(瓶詰)…30g
豆板醤(トウバンジャン)…少々
パクチー…適量
ごま油…適量

1 ささみは厚みを半分に切り、耐熱皿に広げる。酒をふりかけ、ふんわりとラップをかけて電子レンジで1分30秒ほど加熱し、粗熱を取る。細かくほぐして塩をふる。

(ささみ 1本) + (酒 小さじ1) + [1分半 📳] チン!

+ (塩少々)

2 ザーサイは細切りにし、1、豆板醤と混ぜる。食べやすい大きさに切った豆腐にのせ、刻んだパクチーをのせてごま油をかける。(Shiori)

1 + (ザーサイ 30g) (豆板醤 少々) (絹ごし豆腐 1/2丁) (パクチー 適量) (ごま油 適量)

調理時間
3分

豆腐とにらの中華和え

冷ややっこにのせるのではなく、崩し豆腐の和え物にするのがポイント

材料(2人分)

絹ごし豆腐…1丁(300g)
にら…1/4束
ラー油(好みで)…適量

合わせ調味料
しょうゆ…大さじ1
酢…大さじ1
ごま油…大さじ1
砂糖…小さじ1
白いりごま…小さじ1

1 にらは1cm幅に切り、合わせ調味料と混ぜる。

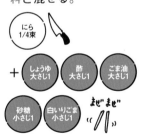

(にら 1/4束)

+ (しょうゆ 大さじ1) (酢 大さじ1) (ごま油 大さじ1)

(砂糖 小さじ1) (白いりごま 小さじ1) まぜまぜ

2 器に豆腐を軽く崩して盛り、1をかける。好みでラー油をかける。
(星野奈々子)

(絹ごし豆腐 1丁) + 1

ブロッコリーの白和え風

お助けごはん
和える
だけおかず

調理時間 **5分**

電子レンジを活用すれば豆腐の水きりなしで作れるから手軽

材料（2人分）

木綿豆腐…50g
ブロッコリー… 1/2個

合わせ調味料
白すりごま…大さじ1
砂糖…小さじ1
薄口しょうゆ…小さじ1/2

1 ブロッコリーは小房に分け、耐熱ボウルに入れてラップをかける。電子レンジで1分30秒加熱する。

ブロッコリー1/2個 ＋ 1分半 チン！

2 別のボウルに豆腐を入れて手でつぶし、合わせ調味料を加えて混ぜる。1を加えて和える。
（星野奈々子）

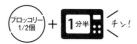
木綿豆腐50g ＋ 白すりごま大さじ1 砂糖小さじ1 薄口しょうゆ小さじ1/2

＋ 1 まぜまぜ

さば缶とくるみの白和え風

お助けごはん
和える
だけおかず

調理時間 **5分**

白和えには、水煮缶が相性ぴったり。くるみの食感で味にメリハリをプラス。

材料（2人分）

さば缶（水煮）…1缶（200g）
ほうれん草…200g
マヨネーズ…大さじ3
くるみ（粗めに砕く）…30g

1 沸騰した湯に塩適量（分量外）を入れ、ほうれん草を1分ほどゆでる。流水で粗熱を取ったらしっかり水気をしぼり、5cm長さに切る。

ほうれん草200g 1分ゆでる ＋

2 ボウルに水気をきったさばの身、1、マヨネーズを入れる。さばの身をほぐしながら和え、器に盛ってくるみを散らす。（高橋善郎）

さば缶（水煮）1缶 ＋ 1 ＋ マヨネーズ大さじ3 くるみ（粗めに砕く）30g まぜまぜ

鶏肉と卵焼きを焼いてさいころ状に切り、
ご飯に具材をのせるだけのお手軽のっけ弁！

華のちらしべんとう

鶏肉のブロック

材料(2人分)
鶏もも肉…1枚
塩…小さじ1/2
こしょう…小さじ1/4
サラダ油…小さじ1

作り方
①鶏肉は余分な脂とすじをとり、塩とこしょうをふる。
②フライパンを熱して油を入れ、皮目からじっくり中火で焼く。皮目がパリッとしたら裏返し、ふたをして弱火で火が通るまで焼く。2cm角に切る。

さいころだし巻き卵

材料(2人分)
卵…3個
塩…小さじ1/4
白だし…大さじ1/2
サラダ油…適量

作り方
①ボウルに卵を割りほぐし、塩と白だしを加えて混ぜる。
②フライパンに油を熱し、卵液を半量加えて奥から手前に巻きながら焼く。巻き終わったら奥に寄せて再び油をなじませて残りの卵液を流し、手前を持ち上げて下に行きわたらせ、同様に巻く。冷めたら2cm角に切る。

基本のちらしずし

材料(2人分)
菜の花…4本
合わせ調味料
塩…小さじ1/4
ごま油…小さじ1
三つ葉…4本
絹さや…8枚
ご飯…1.5合分
ゆずの搾り汁…適量
白いりごま…適量
桜でんぶ…適量

作り方
①菜の花はゆでて一口大に切り、合わせ調味料を和える。
②絹さやはすじをとり、ゆで斜め2等分に切り、三つ葉は3cm長さに切る。
③ご飯にゆずの搾り汁と白ごまを混ぜておく。盛りつけるときに菜の花、絹さや、桜でんぶをのせる。
(以上、稲垣晴代)

【 おいしそうに詰めるコツ 】

①お弁当箱全体にご飯を均等に詰める。後から大きめの具材ものるのでふたが閉まるよう、低めの高さに詰めて。②形のある鶏肉のブロックとさいころだし巻き卵焼きを具材の偏りがないよう、全体にまんべんなくのせる。③隙間に緑の野菜。立体的になるよう、菜の花は立てて絹さやは2枚をスライドさせつつ重ねるように詰めて。桜でんぶ、三つ葉、彩り食材を隙間にのせる。

COLUMN 平日のおべんとう作りが大助かり！ 楽うまのっけべんとう

作りおきのおかずを活用した
ヘルシーな彩りべんとう

さけとえびのおべんとう

えびとブロッコリーの
ジンジャーソテー

材料(2人分)
えび(無頭・殻付き)…6尾
ブロッコリー…1/2個
しょうがのすりおろし…小さじ1
塩、こしょう…各少々
オリーブオイル…大さじ1

作り方
①えびは殻をむいて背わたを取る。ブロッコリーは小房に分ける。
②フライパンにオリーブオイルを熱し、1としょうがを入れてえびの色が変わるまで炒め、塩、こしょうで味を調える。

さけの南蛮漬け

材料(作りやすい分量)
甘塩ざけ…3切れ
合わせ調味料
酢…大さじ2
砂糖…大さじ1
サラダ油…大さじ1

作り方
①さけは骨を除き、3等分に切る。
②フライパンにサラダ油を熱し、1を入れて中火で両面に焼き色がつくまで焼く。
③保存容器に入れ、合わせ調味料をかける。

ラディッシュのピクルス

材料(作りやすい分量)
ラディッシュ…5個
合わせ調味料
酢…大さじ1　砂糖…大さじ1

作り方
①ラディッシュは輪切りにして 保存袋に入れ、合わせ調味料を加えてよくもむ。

スナップえんどうの粒マスタード和え

材料(作りやすい分量)
スナップえんどう…10本
粒マスタード…大さじ1

作り方
①スナップえんどうはすじを取り、さっと水にさらして耐熱容器に入れる。
②ラップをかけて電子レンジで1分30秒加熱し、粒マスタードで和える。

紫キャベツのマリネ

材料(作りやすい分量)
紫キャベツ…1/4個
合わせ調味料
酢…大さじ2　　塩…小さじ1/2
砂糖…小さじ1

作り方
①紫キャベツはせん切りにして保存袋に入れ、合わせ調味料を加えて手でよくもむ。
(以上、星野奈々子)

【 さけとえびのおべんとうの詰め方 】

①ご飯はふんわりと詰める。おかずをのせることと、食べる量に注意して詰めすぎず、おべんとう箱の半分くらいの高さに。

②メインとなる魚のおかず、さけ3切れを一番奥にのせる。スライドさせるように皮目を見せつつ詰めると立体的な見た目に。

③区画を決めて、ジンジャーソテーとスナップえんどうをのせる。近い色が隣り合わないよう、配置場所は前もって考えておく。

④残りのおかずを詰める。考えておいたバランスどおりに、区画ごとにのせるイメージで。ご飯が見えないくらいに敷き詰めて。

疲れた時、時間がない時でもやる気が出る!

楽うま献立5days

慌ただしい中、毎日おかずのバランスを考えて献立を作るのは
ひと苦労。ここでは、「フライパン1つでできる献立」
「トースターで手軽に作るメイン献立」「ワンボウルで大満足な即席献立」など、
簡単調理を駆使した献立をラインナップしました。

Ⓒ れんこんとしめじの炒め煮

Ⓑ パプリカと生ハムのソテー

Ⓐ オクラとにんじんの豚肉巻き

調理時間
15分

1日目 / オクラとにんじんの豚肉巻き献立

手をかけたくない1日目は、フライパンの同時調理で手軽に献立が
完成！　下準備をしたら一緒にフライパンに入れてOK。

76

A オクラとにんじんの豚肉巻き

たくあんの甘みが効いた、いつもの肉巻きよりワンランク上の味わい。粘りのあるオクラなど、それぞれの食感も楽しい！

材料(2人分)

豚ロース薄切り肉…200g　オクラ…5本　にんじん…50g　たくあん…50g

下準備 オクラはガクをむき取り、塩もみして洗い、水気をふく。にんじんはせん切りにする。たくあんは5〜6mm角の棒状に切る。豚肉を広げ、オクラ、にんじん、たくあんをのせて巻く。

B パプリカと生ハムのソテー

カラフルな色みが華やか。生ハムの味がなじみ、パプリカの甘みを引き立てます。生ハムの塩分があるので塩は控えめで。

材料(2人分)

パプリカ(赤・黄)…各1/2個　生ハム…4枚　塩、こしょう…各少々

下準備 パプリカは細切りにし、生ハムは手で小さくちぎる。

C れんこんとしめじの炒め煮

しょうゆとみりんの甘辛い味つけで、白いご飯に合うおかずに！肉巻きと一緒に調味できるから、一石二鳥です。

材料(2人分)

れんこん…1/2節(正味60g)　しめじ…1/2袋　白いりごま…小さじ1

下準備 れんこんは薄いいちょう切りにし、しめじは石づきを落とし、小房に分ける。

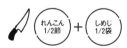

1 フライパンにサラダ油大さじ1(分量外)を熱し、それぞれの具材を入れて中火で焼く。

2 豚肉に焼き色がついたら裏返し、左右も焼く。パプリカがしんなりとしたら、パプリカと生ハムを取り出して塩、こしょうをふる。

3 フライパンにしょうゆ、みりん各大さじ1(分量外)を加えて全体にからめ、豚肉巻きを取り出し、残った炒め煮に白いりごまをふる。

(以上、星野奈々子)

簡単
献立

調理時間
20分

2日目 / さけときのこのバター レモンホイル焼き献立

2日目は、具材をのせて焼くだけのホイル焼きで手軽にメインを。火を使うのは、スープとサラダだけだから洗い物も少ない。

B ブロッコリーとゆで卵の マスタードサラダ

C つぶつぶ枝豆のスープ

A さけときのこのバターレモンホイル焼き

78

A さけときのこの バターレモンホイル焼き

低糖質、高タンパクで、美容効果で注目されるアスタキサンチンが豊富なさけを。バターのコクとレモンの風味が絶品。

材料(2人分)

さけ…2切れ　　しめじ…1/2袋　　塩…少々　　しょうゆ…小さじ2　　レモン(くし形切り)…2切れ
まいたけ…1/2パック　　酒…小さじ2　　バター…10g

1 さけに塩をふり、10分以上おく。水気をペーパータオルでふき取る。まいたけとしめじは石づきを落とし、ほぐす。

2 アルミホイルにさけをのせ、まいたけとしめじを散らして酒をふり、しっかり包んでオーブントースターまたはグリルで10分ほど焼く。

3 さけに火が通ったら、バターをのせてしょうゆを回しかけ、レモンを添える。

B ブロッコリーとゆで卵の マスタードサラダ

太りそうなイメージのマヨネーズも、糖質オフでは有効な調味料。マスタードの風味をきかせて、味にメリハリを!

材料(2人分)

ブロッコリー(冷凍でもOK)…1/2個
卵…1個

合わせ調味料
[マヨネーズ…大さじ1
  粒マスタード…小さじ1
  塩、粗びき黒こしょう…各少々

1 ブロッコリーは小房に分けて塩ゆでする。卵はゆでて粗く刻む。

2 ボウルに合わせ調味料を合わせ、1を和える。

C つぶつぶ枝豆のスープ

食物繊維が豊富で、ポタージュのようなとろりとした仕上がり。枝豆を粗くつぶすと、かみごたえによる満足感が!

材料(2人分)

枝豆(冷凍・ゆで)…100g(正味50g)　　薄力粉…小さじ2
玉ねぎ…1/4個　　牛乳…100ml
バター…10g　　塩、こしょう…各適量

合わせ調味料
[コンソメスープの素(顆粒)…小さじ1
  水…200ml

1 枝豆は解凍してさやから実を取り出しておく。玉ねぎはみじん切りにする。

2 鍋にバターを熱し、中火で玉ねぎを炒める。しんなりしたら枝豆、薄力粉を加え、粉っぽさがなくなるまで炒める。

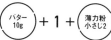

3 合わせ調味料を加えて5分ほど煮、マッシャーなどで枝豆を粗くつぶす。牛乳を加えて温め、塩、こしょうで味を調える。

(以上、北嶋佳奈)

調理時間
10分

3日目 / 和風のっけ丼ごはん 献立

楽にすませたい3日目は、のっけ丼で簡単ご飯がおすすめ。み
そ汁も熱湯を注ぐだけなので10分で献立ができちゃいます!

B わかめとねぎのみそ汁

A 薬味たっぷりそぼろ丼

A 薬味たっぷりそぼろ丼

ワンボウルに具材をのせるだけだから楽ちん！ みょうがや大葉の薬味がアクセントになったうまみたっぷり。

材料（2人分）

温かいご飯…茶碗2杯分
豚ひき肉…240g
しょうが、にんにく（みじん切り）…各1片
サラダ油…大さじ1

合わせ調味料
しょうゆ、砂糖、みりん…各大さじ2

トッピング（好みで）
ゆで卵…2個
みょうが（小口切り）…2本
大葉（千切り）…4枚
ミックスナッツ（粗く砕く）…適量

1 フライパンにサラダ油を熱し、しょうが、にんにくを炒める。香りが立ってきたらひき肉を加えて炒める。

2 1に合わせ調味料を加えて汁気がなくなるまで炒める。器にご飯を盛り、そぼろをかける。好みでゆで卵、みょうが、大葉、ミックスナッツを添える。

B わかめとねぎのみそ汁

カップスープの要領で具材を入れて熱湯を注げばOK！ 簡単な即席みそ汁で洗い物も最小に！

材料（2人分）

カットわかめ（乾燥）…小さじ1
みそ…大さじ1

和風だし（顆粒）、青ねぎ（小口切り）…各少々
お湯…400ml

1 カットわかめ、和風だし、青ねぎ、みそを器に入れて湯を注ぐ。

（以上、木村遥）

4日目 / ツナとキムチの炊き込みご飯献立

4日目は、炊き込みご飯で満足感をプラス。ゆで鶏をチキン南蛮風に、ゆで汁をスープにすれば、無駄なし。ブロッコリーは電子レンジ加熱でラクラク調理！

C 卵とわかめのスープ

B ゆで鶏のチキン南蛮風

A ツナとキムチの炊き込みご飯

A ツナとキムチの炊き込みご飯

そのままでもおいしい、缶詰のツナ、漬け物のキムチの2種の加工品のコラボ。食欲をそそるピリ辛コクうまご飯が手軽に完成。

材料（作りやすい分量）

米… 2合　ツナ缶（水煮）… 1缶（70g）　白菜キムチ… 70g

合わせ調味料
水… 300ml　　酒…大さじ2　　塩…小さじ1/2

トッピング
青ねぎ（小口切り）（好みで）…適量

1 米は炊く30分前にとぎ、ざるに上げておく。

2 炊飯器の内釜に1と合わせ調味料を入れて軽く混ぜ、白菜キムチとツナを汁ごと加えて普通モードで炊く。炊き上がったらさっくりと混ぜて器に盛り、好みで青ねぎを散らす。

B ゆで鶏のチキン南蛮風

ガッツリおかずの印象があるチキン南蛮を、ゆでた胸肉でヘルシーに。簡単タルタルソースも軽くて女子好み♡

材料（2人分）

鶏胸肉…2枚　きゅうり…1/4本　玉ねぎ…1/4個　マヨネーズ…大さじ2

合わせ調味料
酢…大さじ2　　しょうゆ…大さじ2　　みりん…大さじ1　　砂糖…大さじ1

1 鍋に湯を沸かし、鶏胸肉を入れて5分ゆで、火を止めてそのまま冷ます。

2 きゅうり、玉ねぎはみじん切りにし、マヨネーズを加えて混ぜる。

3 1を1cm厚さに切って器に盛り、混ぜた合わせ調味料をかけ、2をかける。

C 卵とわかめのスープ

鶏のだしがしみ出たゆで汁を使うから、塩だけでおいしさ十分。わかめの磯の風味に、ふんわり卵がマッチ！

材料（2人分）

鶏肉のゆで汁
（ゆで鶏のチキン南蛮風のゆで汁を使用）… 400ml
卵…1個

カットわかめ（乾燥）…小さじ2
塩…小さじ1/2

1 鍋に鶏肉のゆで汁を入れて中火にかけ、煮立ったらカットわかめと塩を加える。さらに溶いた卵を加え、ふわっと浮いてきたら火を止める。

（以上、星野奈々子）

5日目 / 鶏肉と大豆の トマトパスタ献立

少し贅沢に過ごしたい5日目は、大豆入りのヘルシーなパスタに、それぞれ
2分程度でできちゃう野菜の副菜を。簡単なのにレストラン風な献立です。

C アボカドとモッツァレラチーズのマリ…

A 鶏肉と大豆のトマトパスタ

B ほうれん草と生ハムのソテー

A 鶏肉と大豆の トマトパスタ

ソースの材料を炒めて水分を加え、パスタをイン。ソース作りと麺のゆでを同時に。

材料（2人分）

鶏もも肉…1枚　　スパゲッティ　　合わせ調味料A　　合わせ調味料B
大豆（水煮）…100g　（1.6mm）…160g　┌ 塩…小さじ1/2　┌ トマト水煮缶（カットタイプ）　トマトケチャップ
玉ねぎ…1/2個　　オリーブオイル　└ 砂糖…小さじ1/2　│ …1缶（400g）　…大さじ2
プチトマト…8個　　…大さじ1　　　　　　　　　　　└ 水…600ml　塩…小さじ1/2

1 鶏肉を一口大に切り、保存袋に入れて合わせ調味料Aをまぶす。大豆は流水でよく洗い、水気をきる。玉ねぎは薄切りにする。プチトマトはへたを除き、半分に切る。

2 フライパンにオリーブオイルを入れて火にかけ、1を加えて中火で肉の色が変わるまで焼く。

3 合わせ調味料Bを加えて煮立て、半分に折ったスパゲッティを加えて軽く混ぜながら7〜8分ゆでる。
※途中、水分がなくなりそうになったら水を足す。火が通るまで煮る。

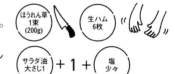

B ほうれん草と 生ハムのソテー

生ハムの塩気も◎。両食材ともすぐに火が入るので、ササッと炒めてスピーディーに。

材料（2人分）

ほうれん草…1束（200g）　　生ハム…6枚　　サラダ油…大さじ1　　塩…少々

1 ほうれん草はざく切りにする。生ハムは手で細かくちぎる。

2 フライパンにサラダ油を熱し、1を入れて、ほうれん草がしんなりするまで炒め、塩で味を調える。

C アボカドとモッツァレラ チーズのマリネ

クリーミーなマリネに。色が変わりやすいアボカドは2日連続で調理するのがオススメ。

材料（2人分）

アボカド…1個　　　　　　レモン汁…小さじ2　　　塩…少々
モッツァレラチーズ…1個（100g）　オリーブオイル…小さじ2　粗びき黒こしょう…少々

1 アボカドは種と皮を除き、1〜2cm角に切る。モッツァレラチーズは手で細かくちぎる。

2 ボウルに1とレモン汁、オリーブオイル、塩を入れて混ぜ、器に盛って粗びき黒こしょうをふる。

（以上、星野奈々子）

チキンのうまみをまとった根菜やフルーツも絶品！

ハーブローストチキン&グリル野菜

ハーブローストチキン

材料（2人分）

骨付きもも肉…2本
塩…小さじ1/3
オリーブオイル
…大さじ1
トッピング
ローズマリー…2枝

合わせ調味料A
しょうゆ…大さじ2
はちみつ…大さじ2
酒…大さじ1
すりおろしにんにく…小さじ1
すりおろししょうが…小さじ1

グリル野菜

材料（2人分）

じゃがいも…1〜2個
れんこん…1/2節
ズッキーニ…1/2本
ぶどう…1/2房

合わせ調味料B
塩、粗びき黒こしょう…各少々
オリーブオイル…大さじ2

❶骨付きもも肉は骨に沿って切り込みを入れ、フォークで数カ所刺し、塩を全体にもみ込む。

❷1に合わせ調味料Aをもみ込み、15分おく（時間があれば、袋に入れて2時間ほど冷蔵庫で漬けておく）。

❸天板にオーブンシートを敷いて、2の皮目を上にしてのせる。表面にオリーブオイルを塗り、ローズマリーをのせる。

❹じゃがいもは皮付きのままよく洗い、一口大に切る。れんこん、ズッキーニは1cm幅の輪切りにする。

❺ボウルに野菜を入れて合わせ調味料Bをまぶす。

❻2とぶどうをチキンと一緒に天板に並べて200度に予熱したオーブンで25〜30分加熱する。（木村遥）

COLUMN 週末ゆっくり作りたい！ **ごちそうレシピ**

ひと口で食べられて
つまみやすい！
おもてなし料理にぴったり

手まりずし

材料（2人分）

温かいご飯
…茶碗3杯分（450g）
合わせ調味料
├ 酢…大さじ3
│ 砂糖…大さじ2
└ 塩…小さじ2/3
刺身
（まぐろ、サーモン、
鯛、ほたて、えび、
いか）
…各適量
イクラ、
すだち、ディル、
エディブルフラワー
（好みで）…各適量

❶ご飯に合わせ調味料を混ぜ、粗熱をとる。手のひらにラップを広げ、刺身を1枚ずつのせ、ご飯一口大分をのせてラップで丸める。好みですだち、ディル、エディブルフラワーなどを合わせる。（約17個）

❷ラップを外して皿の中心にサーモンの手まりずしを置き、その周りを同じ種類が隣り合わないように6種類ずつを4つ並べる。

❸残りの手まりずしも同様に放射状に並べ、好みでいかにイクラをのせる。好みでしょうゆ、わさびを添える。（木村遥）

PART

6

炊き込みご飯、そうめん、パスタ…etc.

究極のご飯＆麺レシピ

のっけ丼に炊き込みご飯、そうめん、うどん、パスタ…etc.
ワンパターンになりがちな主食レシピもレパートリーがあると、
日々のごはんの満足度がUP！　オールシーズンで役立つ
レシピばかりなので、ぜひあなたのラインナップに加えてみて。

簡単ご飯
のっけ丼

調理時間
10分

鶏肉とプチトマトのハニーチャーシュー

レンチン調理で超お手軽。はちみつのコクとトマトの酸味が相性抜群！

材料（1人分）

ご飯…茶碗1杯分

鶏もも肉…1/2枚（150g）

合わせ調味料

酒…大さじ1

しょうゆ…大さじ1

はちみつ、みりん…各小さじ2

トッピング

プチトマト（横半分に切る）
…4個

水菜（3cm幅に切る）
…好みの量

1 耐熱ボウルに鶏肉、合わせ調味料を入れて混ぜ、皮面が上になるように置く。ふんわりとラップをかけ、電子レンジで3分30秒温める。一度ひっくりかえし、さらに3分30秒ほど温める。

鶏もも肉 1/2枚 ＋ 酒 大さじ1 ＋ しょうゆ 大さじ1 ＋ はちみつ、みりん 各小さじ2 ＋ 3分半 チン！

＋ひっくり返して 3分半 チン！

2 1の鶏肉を削ぎ切りにする。皿に、ご飯、鶏肉、水菜、プチトマトを盛り、1のタレをかける。（エダジュン）

ご飯 茶碗 1杯分 ＋ 1 ＋ 水菜 好みの量 ＋ プチトマト 4個

簡単ご飯
のっけ丼

調理時間
5分

とろりとしたなすに濃厚味がからんだ見た目以上に満足感のある一杯

なすとツナのコクうまボウル

材料（1人分）

ご飯…茶碗1杯分

なす（1cm幅切り）
…小1本（50g）

ツナ缶（ノンオイル）
…1缶（70g）

合わせ調味料

マヨネーズ…大さじ1

オイスターソース…小さじ2

しょうゆ…小さじ1

トッピング

大葉（千切り）…6枚

白いりごま…少々

1 耐熱ボウルになすと合わせ調味料を入れて混ぜ、ふんわりとラップをかける。電子レンジで2分30秒温め、汁けをきったツナを加えて和える。

なす小1本 ＋ マヨネーズ大さじ1 オイスターソース小さじ2 しょうゆ小さじ1 ＋ 2分半 チン！ ＋ ツナ缶1缶

2 器にご飯を盛り、1と大葉をのせてごまをふる。（エダジュン）

ご飯茶碗1杯分 ＋ 1 ＋ 大葉6枚 白いりごま少々

調理時間
15分

山かけ丼

疲れにきくとろろを
漬けまぐろであっさりと

材料（2人分）

ご飯…茶碗2杯分
まぐろの刺身…100g

とろろ
大和いも…200g
卵…1個
だし汁…50ml
しょうゆ…小さじ1

合わせ調味料
しょうゆ…大さじ2
酒、みりん…各大さじ1

トッピング
焼きのり…適量
大葉（千切り）、
白いりごま…各適量
わさび…適量

1 とろろを作る。大和いもは皮をむいてすりおろし、残りの材料を加えてよく混ぜる。

大和いも 200g ＋ 卵 1個 ＋ だし汁 50ml ＋ しょうゆ 小さじ1　まぜまぜ

2 合わせ調味料を耐熱容器に入れ、電子レンジで20秒加熱してさます。そぎ切りにしたまぐろを漬け、10分ほどおく。

［ （ しょうゆ 大さじ2　酒、みりん 各大さじ1 ） ＋ 20秒 チン！ ］ ＋ ［ まぐろの 刺身 100g ］

3 丼にご飯をよそい、ちぎったのりを散らす。1、2の順にのせ、大葉、白ごまを散らし、わさびを添える。
（Shiori）

ご飯 茶碗 2杯分 ＋ 焼きのり 適量 ＋ 1 ＋ 2 ＋ 大葉、 白いりごま 各適量 ＋ わさび 適量

簡単ご飯
のっけ丼

調理時間
10分

牛丼

めんつゆを活用すれば
簡単に味がキマります

材料（2人分）

ご飯…茶碗2杯分
牛切り落とし肉…160g
玉ねぎ…1/2個

合わせ調味料
水…大さじ4
めんつゆ（ストレート）
…大さじ4と1/2
砂糖…大さじ1/2

トッピング
紅しょうが…適量

1 玉ねぎは1cm厚さの薄切りにする。

2 鍋に合わせ調味料、玉ねぎを入れて火にかけ、弱火で玉
ねぎがしんなりするまで煮る。火を強めて牛肉を加え、
肉に火が通ったら火を止める。

$\left[\begin{array}{ccc} \text{水} \\ \text{大さじ4} \end{array} \;\; \begin{array}{c} \text{めんつゆ} \\ \text{ストレート} \\ \text{大さじ4} \\ \text{と1/2} \end{array} \;\; \begin{array}{c} \text{砂糖} \\ \text{大さじ1/2} \end{array} \right] + 1$ ｜ 煮る ｜ $+ \begin{array}{c} \text{牛} \\ \text{切り落とし} \\ \text{肉} \\ \text{160g} \end{array}$

3 器にご飯をよそい、**2**を盛り、紅しょうがをのせる。
（吉田愛）

ご飯
茶碗
2杯分 + 2 + 紅しょうが
適量

調理時間
15分

辛さと甘みがおいしい
インドネシア風チャーハンに

ゴレン

材料（2人分）

ご飯…400g
えび（無頭・殻つき）…8尾
ピーマン…2個
にんにく…1片
卵…2個
サラダ油…大さじ1と1/3

合わせ調味料
トマトケチャップ…大さじ2
スイートチリソース…大さじ2
しょうゆ…大さじ1

トッピング
きゅうり…1/2本
プチトマト…2個

1 えびは殻をむいて背わたを取る。ピーマンは種とわたを取り除き、粗みじん切りにする。にんにくは薄切りにする。

えび 8尾 ＋ ✂ ＋ ピーマン 2個 ＋ にんにく 1片

2 フライパンにサラダ油小さじ1を熱し、卵を割り入れ、弱火で半熟状になるまで火を通し、取り出す。

サラダ油 小さじ1 ＋ 卵 2個 じゅー 🍳

3 サラダ油大さじ1を足し、にんにくを入れて弱火で 香りが出るまで炒める。えび、ピーマンを加えて中火でえびの色が変わるまで炒め、ご飯と合わせ調味料を加えて混ぜながら炒める。

[サラダ油 大さじ1 ＋ **1**] ＋ ご飯 400g ＋ トマトケチャップ 大さじ2 スイートチリソース 大さじ2 しょうゆ 大さじ1 じゅー 🍳

4 3を器に盛り、2の目玉焼きをのせ、斜め切りにしたきゅうりと半分に切ったプチトマトをのせる。　（星野奈々子）

3 ＋ **2** ＋ ✂ ＋ きゅうり 1/2本 ＋ プチトマト 2個

簡単ご飯
炒め
ご飯

調理時間
15分

豚肉とねぎの炒飯

豚バラのコク、ねぎの風味が焼肉のたれのうまみやにんにくのパンチを底上げ

材料（2人分）
温かいご飯…400g
豚バラ薄切り肉…100g
長ねぎ…1/2本
ごま油…大さじ1
卵…1個
焼き肉のたれ…大さじ2
塩、こしょう…各少々

トッピング
青ねぎ（小口切り）…適量

1 豚肉は1cm幅に切る。長ねぎはみじん切りにする。

豚バラ薄切り肉100g ＋ 長ねぎ1/2本

2 フライパンにごま油を熱し、1を入れて中火で肉の色が変わるまで炒める。

ごま油大さじ1 ＋ 1

3 溶いた卵を加え、すぐにご飯を加えて混ぜながら炒め、焼き肉のたれを加えてさらに炒める。塩、こしょうで味を調える。

2 ＋ 卵1個 ＋ 温かいご飯400g ＋ 焼き肉のたれ大さじ2 ＋ 塩、こしょう各少々

4 器に盛り、青ねぎを散らす。（星野奈々子）

3 ＋

調理時間
50分

カレー粉小さじ1/2で
カレーピラフ風にしても

パエリア風炊き込みご飯

材料(作りやすい分量)
米…2合
えび(無頭・殻付き)…8尾
パプリカ(赤・黄)…各1/2個
あさり(砂抜きしたもの)…200g
ブラックオリーブ(種抜き)…6個
水…200㎖

合わせ調味料
白ワイン…100㎖
塩…小さじ1
サフラン…ひとつまみ
またはカレー粉…小さじ1/2

トッピング
レモン(くし形切り)…1/2個

1 米は炊く30分前にとぎ、ざるに上げておく。合わせ調味料は容器に入れてサフランの色素を引き出しておく。

$$\left(\begin{array}{c}米\\2合\end{array}\right) + \left[\left(\left(\begin{array}{c}白ワイン\\100ml\end{array}\right)\left(\begin{array}{c}塩\\小さじ1\end{array}\right)\left(\begin{array}{c}サフラン\\ひとつまみ\end{array}\right)\begin{array}{c}または\end{array}\left(\begin{array}{c}カレー粉\\小さじ1/2\end{array}\right)\right]\right.$$

2 えびは背わたを取る。パプリカは2〜3cm角に切る。あさりは殻をこすり合わせてよく洗う。

$$\left(\begin{array}{c}えび\\8尾\end{array}\right) + \left(\begin{array}{c}パプリカ\\(赤・黄)\\各1/2個\end{array}\right) + \left(\begin{array}{c}あさり\\200g\end{array}\right)$$

3 炊飯器の内釜に1と水を入れて軽く混ぜ、2とブラックオリーブをのせて普通モードで炊く。炊き上がったらさっくりと混ぜて器に盛り、レモンを添える。(星野奈々子)

$$\left[\begin{array}{c}1\end{array} + \left(\begin{array}{c}水\\200ml\end{array}\right) + \begin{array}{c}2\end{array} + \left(\begin{array}{c}ブラック\\オリーブ\\6個\end{array}\right)\right] + \left(\begin{array}{c}炊く\end{array}\right) + \left(\begin{array}{c}レモン\\1/2個\end{array}\right)$$

簡単ご飯
炊き込みご飯

調理時間 **50分**

トマトとカマンベールチーズのリゾット風

炊いている間にチーズが溶けてトマトご飯となじみます

材料（作りやすい分量）

米…2合
トマト…2個（300g）
カマンベールチーズ
…1個（100g）

合わせ調味料
水…260ml
白ワイン…100ml
塩…小さじ3/4

トッピング
パセリ（みじん切り）…適量

1 米は炊く30分前にとぎ、ざるに上げておく。

2 トマトはへたを取り、ざく切りにする。

3 炊飯器の内釜に1と2、合わせ調味料を入れて軽く混ぜ、中央にカマンベールチーズをのせて普通モードで炊く。炊き上がったらさっくりと混ぜて器に盛り、パセリを散らす。（星野奈々子）

簡単ご飯
炊き込みご飯

調理時間
60分

炊き込み魯肉飯

豚バラ肉を八角などの香辛料で煮込んだ台湾のローカルフードを炊き込みご飯に

材料（4人分）

米…2合

豚カレー用肉…200g

長ねぎ…1/2本

しいたけ…2枚

にんにく…2片

合わせ調味料

水…300ml

砂糖…大さじ2

しょうゆ、みりん…各大さじ2

五香粉…小さじ1

塩…小さじ1/2

トッピング

ゆで卵、たくあん、パクチー

（食べやすい大きさに刻む）

…各適量

1 米は炊く30分前にとぎ、ざるに上げておく。

(米 2合)

2 豚肉は3cmの角切りにしてボウルに入れ、合わせ調味料を加えて手でもみ込んで下味をつける。長ねぎは斜め薄切りにする。しいたけは軸を取り除き薄切りにする。にんにくは薄切りにする。

[(豚カレー用肉200g) + (水300ml) + (砂糖大さじ2) + (しょうゆ、みりん各大さじ2) + (五香粉小さじ1) + (塩小さじ1/2)] もみもみ
+ (長ねぎ1/2本) + (しいたけ2枚) + (にんにく2片)

3 炊飯器の内釜に1と2の漬け汁を入れて軽く混ぜ、2の具材をのせて普通モードで炊く。炊き上がったら混ぜ合わせて器に盛り、ゆで卵とたくあん、パクチーを添える。（星野奈々子）

[1＋2の漬け汁] まぜまぜ ＋ 2 炊く ＋ (ゆで卵、たくあん、パクチー各適量)

96

簡単ご飯
炊き込み
ご飯

調理時間
60分

炊き込みご飯

炊き込みご飯と一緒に、鶏を調理。鶏の蒸し汁を吸ったご飯は絶品です

鶏もも肉とパクチーのエスニックご飯

材料（作りやすい分量）

米…2合

鶏もも肉…1枚

合わせ調味料

水…300ml

ナンプラー…大さじ2

レモン汁…大さじ1

酒…大さじ1

トッピング

パクチー（ざく切り）…適量

1 米は炊く30分前にとぎ、ざるに上げておく。

2 鶏肉は余分な脂を取り除く。

3 炊飯器の内釜に**1**と合わせ調味料を入れて軽く混ぜ、**2**をのせて普通モードで炊く。炊き上がったら鶏肉を取り出し、食べやすい大きさに切る。ご飯はさっくりと混ぜて器に盛り、鶏肉とパクチーをのせる。（星野奈々子）

調理時間
60分

鶏とごぼうの炊き込みご飯

根菜の香りが鶏のうまみに合う！絹さやはレンジ加熱40秒でもOK

材料（作りやすい分量）

米…2合
鶏もも肉…1枚
塩…小さじ1/2
ごぼう…1/2本

合わせ調味料
水…330ml
酒…大さじ1
しょうゆ…大さじ1

トッピング
絹さや…4枚

1 米は炊く30分前にとぎ、ざるに上げておく。

（米2合）

2 鶏肉は余分な脂を取り除き、ひと口大に切って塩をふる。ごぼうはささがきにし、水にさらして水気をきる。絹さやはさっとゆでてせん切りにしておく。

[鶏もも肉1枚 + 塩小さじ1/2] + ごぼう1/2本 + 絹さや4枚

3 炊飯器の内釜に**1**と合わせ調味料を入れて軽く混ぜ、絹さや以外の**2**をのせて普通モードで炊く。炊き上がったらさっくりと混ぜ合わせて器に盛り、絹さやを散らす。

[**1** + 水330ml 酒大さじ1 しょうゆ大さじ1] まぜまぜ
2の鶏もも肉 2のごぼう 炊く + 2の絹さや

調理時間
50分

たけのこの炊き込みご飯

たった1つの調味料とは思えない料亭のような味わいのご飯に

材料（作りやすい分量）

米…2合　　　　しめじ…1/2袋
たけのこ（ゆで）　油揚げ…1枚
…150g

合わせ調味料
白だし…50ml
水…310ml

1 米は洗ってざるに上げる。

（米2合）

2 たけのこは食べやすい大きさに切る。しめじは石づきを落として小房に分ける。油揚げは1cm四方に切る。

たけのこ150g + しめじ1/2袋 + 油揚げ1枚

3 炊飯器の内釜に**1**と**2**、合わせ調味料を入れ、普通モードで炊く。

1 + **2** + 白だし50ml 水310ml 炊く

さばのみそ煮ご飯

調理時間 **50分**

といだお米に、缶詰をざばっと加えて、水加減と塩分を調整して炊くだけ！

材料（作りやすい分量）

米…2合
さば缶（みそ煮）…1缶（200g）

合わせ調味料

水…330ml
塩…小さじ1/2

トッピング

大葉（せん切り）…適量

1 米は炊く30分前にとぎ、ざるに上げておく。

米
2合

2 炊飯器の内釜に1と合わせ調味料、さばを汁ごと入れて軽く混ぜ、普通モードで炊く。炊き上がったらさっくりと混ぜて器に盛り、大葉をのせる。

[1 + 水330ml + 塩小さじ1/2 + さば缶（みそ煮）1缶] まぜまぜ 炊く

+ 大葉適量

さけときのこの炊き込みご飯

調理時間 **50分**

甘塩さけから出るだしや塩分を生かし2種のきのこでうまみや深みを後押し！

材料（作りやすい分量）

米…2合
甘塩さけ…2切れ
しめじ…1/2袋
しいたけ…2枚
しょうが（せん切り）…1片分

合わせ調味料

水…330ml　塩…小さじ1
酒…大さじ2

トッピング

三つ葉（ざく切り）…適量

1 米は炊く30分前にとぎ、ざるに上げておく。しめじは石づきを落として小房に分ける。しいたけは石づきを落として薄切りにする。

米2合 + しめじ1/2袋 + しいたけ2枚

2 炊飯器の内釜に米と合わせ調味料を入れて軽く混ぜ、さけとしめじ、しいたけ、しょうがを加えて普通モードで炊く。

[1の米 + 水330ml + 酒大さじ2 + 塩小さじ1] まぜまぜ
+ 甘塩さけ2切れ + 1のしめじ + 1のしいたけ + しょうがのせん切り1片分 炊く

3 炊き上がったらさけを取り出して骨と皮を取り除き、ほぐして戻し入れる。さっくりと混ぜて器に盛り、三つ葉をのせる。

2 + 三つ葉適量

めんつゆと豆乳、ごま油を合わせただけでコクうまな味わいに！

かにかまと貝割れのそうめんサラダ

材料（2人分）

そうめん…4束
かに風味かまぼこ…80g
貝割れ菜…50g
トマト…1/2個
粗びき黒こしょう…適量

合わせ調味料

めんつゆ（2倍濃縮）…100㎖
豆乳（無調整）…100㎖
ごま油…大さじ1

トッピング

粗びき黒こしょう…適量

1 かにかまは粗めにほぐし、根本を切り落とした貝割れ菜は半分に切る。トマトは1㎝角切る。

2 ボウルに合わせ調味料を入れ、混ぜ合わせる。

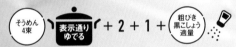

3 そうめんを袋の表示時間通りにゆでる。湯切りし、冷水で冷やし、器に盛りつける。2をかけ、1をバランスよく盛りつけ、黒こしょうをふる。（高橋善郎）

100

簡単めん **そうめん**

調理時間 **5分**

爽やかなきゅうりのシャキッと感が涼やか
ツナ缶は汁ごと加えてうまみをプラス

梅肉ツナそうめん

材料（2人分）

そうめん…4束　ツナ缶（オイル）…2缶
梅干し…2個
きゅうり（輪切りにして塩もみ）…1本分

合わせ調味料
ポン酢しょうゆ…100ml
マヨネーズ、白すりごま…各大さじ3
ツナ缶の汁…全量

1 ボウルに合わせ調味料を入れ、混ぜ合わせる。

2 そうめんを袋の表示時間通りにゆでる。湯切りし、冷水で冷やし、器に盛りつける。1をかけ、きゅうり、ツナをバランスよく盛りつけ、梅干しをのせる。（高橋善郎）

簡単めん **そうめん**

調理時間 **5分**

レモンの酸味とオリーブ油の風味を
漂わせたしらすの優しい塩味で

しらすとレモンの
オリーブそうめん

材料（2人分）

そうめん… 150g
きゅうり（輪切り）… 1本分
レモン（薄い輪切り/種を取り除く）…1/2個分
粗びき黒こしょう…適量

合わせ調味料
しらす干し… 25g　水… 200ml
めんつゆ（2倍濃縮）… 大さじ3
オリーブ油… 大さじ1　塩… 小さじ1/4

1 きゅうりは塩（分量外：適量）をふり、10分ほどおく。軽く水で洗い流し、しっかりしぼる。ボウルに合わせ調味料を入れ、レモンをしぼって汁を混ぜ合わせる。

2 そうめんは袋の表示時間通りにゆでて冷水で洗って水気をきり、器に入れる。きゅうり、しぼったレモンを盛り、合わせ調味料をかけて黒こしょうを散らす。（高橋善郎）

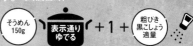

調理時間
10分

具材となるしょうがと
サラダチキンがいいだしに

しょうが香る
とうにゅうめん

材料（2人分）

そうめん…150g

サラダチキン（プレーン）
…1枚（120g）

塩…少々

ブロッコリースーパースプラウト
…適量

合わせ調味料

豆乳（無調整）…200ml

水…200ml

めんつゆ（濃縮2倍）…100ml

しょうが（薄い輪切り/皮付き）
…10枚

ごま油…小さじ2

1 小鍋に合わせ調味料、サラダチキンを入れ、弱火で6～8分ほど煮て塩で味を調える。サラダチキン、しょうがを取り出してサラダチキンは食べやすい厚さにカットし、しょうがは千切りにする。ブロッコリースーパースプラウトは根もとの部分を切り落とす。

2 そうめんは袋の表示時間通りにゆでて水気をきる。器にそうめんを入れ、サラダチキン、ブロッコリースーパースプラウト、しょうがを盛り、1の煮汁をかける。（高橋善郎）

簡単めん
そうめん

調理時間
10分

レタスとさけのみそミルクにゅうめん

煮立たせないよう注意を！

みその風味を生かすため

材料（2人分）

そうめん…4束
さけ（切り身）…2切れ
レタス…6枚
玉ねぎ…1/4個

合わせ調味料
牛乳…600ml
みそ…大さじ3と1/2

トッピング
白すりごま…適量

簡単めん
そうめん

調理時間
15分

シーフードトマト麺

魚介だしが溶け出した、うまみたっぷり
のトマトソースにそうめんがマッチ

材料（2人分）

そうめん…3束
パプリカ（黄）…1/2個
シーフードミックス（冷凍）…250g

調味料
トマト缶（カット）…300g
そうめんのゆで汁…大さじ4
コンソメスープの素（顆粒）…大さじ1
にんにく（粗くつぶす）…4片
唐辛子…1本
塩…小さじ1/2

トッピング
パセリ（みじん切り）…適量

レタスとさけのみそミルクにゅうめん

1 さけは半分に切り、レタスはざく切り、玉ねぎは5mm幅に切る。

2 鍋に合わせ調味料を入れ、ひと煮立ちさせる。さけ、玉ねぎを入れ、弱火で6分ほど煮たらレタスを加える。

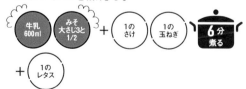

3 そうめんを袋の表示時間通りにゆでる。湯きりし、器に盛りつける。2を流し入れ、具をバランスよく盛りつけ、白すりごまをふる。

シーフードトマト麺

1 パプリカは種とわたを取り除き、乱切りにする。シーフードミックスは解凍する。

2 フライパンに合わせ調味料とシーフードミックスを入れ、ひと煮立ちさせる。弱火で6〜8分ほど煮たらパプリカを加える。

3 そうめんを袋の表示時間通りにゆでる。湯きりし、2に加え、具材とからませる。器に盛りつけ、パセリをちらす。

（以上、高橋善郎）

調理時間
10分

トマトとさけ缶の香味うどん

玉ねぎやしょうが、にんにくの風味
トマトジュースの深み、さけ缶の旨みが一体に！

材料(2人分)

うどん(乾麺)… 150g

さけ缶(水煮)…1缶(約90g)

玉ねぎ(みじん切り)…1/4個分

合わせ調味料A

水…100ml

チキンコンソメ(顆粒)…大さじ1

合わせ調味料B

トマトジュース(無塩)…200ml

さけ缶の汁…全量

オリーブオイル…小さじ2

しょうゆ…小さじ1

しょうが、にんにく(すりおろし)

…各小さじ1/2

トッピング

大葉…4枚

白いりごま…適量

1 玉ねぎはペーパータオルで包んで水分を軽くしぼる。合わせ調味料Aを大きめの耐熱皿に入れ、電子レンジで30～40秒加熱して溶く。合わせ調味料Bを加え、混ぜ合わせてたれを作る(氷があれば氷を入れて少し冷やす)。

2 うどんは袋の表示時間通りにゆでて冷水で洗い、水気をきって器に盛る。大葉、さけ、1の玉ねぎをのせ、1のたれをかけて白ごまを散らす。(高橋善郎)

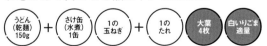

簡単めん
うどん

調理時間
15分

豚キムチのつけ サラダうどん

シャキシャキレタスや貝割れが
ガッツリ豚キムチを爽やかに格上げ

材料（2人分）

冷凍うどん…2袋
豚こま切れ肉…100g
ごま油…大さじ1
白菜キムチ…120g
レタス…2枚
マヨネーズ…適量
めんつゆ（ストレート）…適量

トッピング

白いりごま…適量
貝割れ菜（あれば）…適量

1 フライパンにごま油を熱し、豚肉を炒める。色が変わった
ら白菜キムチを加えて炒め合わせる。レタスは千切りにす
る。

[ごま油 大さじ1 ＋ 豚 こま切れ肉 100g ＋ 白菜 キムチ 120g][レタス 2枚]

2 冷凍うどんは表示の時間通りに電子レンジで解凍し、水洗
いして水気をよくきる。

冷凍うどん 2袋 ＋ 表示の 時間通り チン！

3 器にうどん、レタス、豚キムチの順に盛り、マヨネーズを
しぼって白ごまを散らし、あれば貝割れ菜を添える。めん
つゆをかける。（Shiori）

1 ＋ マヨネーズ 適量 白いりごま 適量 ＋ めんつゆ （ストレート） 適量

簡単めん
うどん

調理時間
5分

豚肉とニラのカレーうどん

レンチン調理でパパッと完成。めんつゆを活用すれば、秒で理想の味！

材料（1人分）

冷凍うどん…1玉（100g）
豚バラ肉…50g
にら（4cm幅切る）…1/4束

合わせ調味料
めんつゆ（3倍濃縮）…大さじ2
カレー粉…小さじ1/2

トッピング
黒こしょう…少々

1 耐熱ボウルに豚肉、冷凍うどん、にらの順に並べ、ラップをかけて電子レンジで3分ほど温める。合わせ調味料を一緒に混ぜて、もう一度ラップをかけ、1分温める。

2 器に1を盛り、黒こしょうをかける。（エダジュン）

材料（1人分）

冷凍うどん…1玉（100g）

ツナ缶（ノンオイル）…1缶（70g）

クリームチーズ（4等分切り）…キューブ2個

赤じそのふりかけ…小さじ1/2　バター…10g

トッピング

貝割れ菜（あれば）…適量

1 耐熱ボウルに水で濡らした冷凍うどんを入れ、ラップをして電子レンジで3分ほど温め、水けをきる。

2 1に汁けをきったツナ、クリームチーズ、赤じそのふりかけ、バターを加え、バターが溶けるまで和える。器に盛り付け、あれば貝割れ菜を添える。（エダジュン）

簡単めん うどん　調理時間 **5分**

クリームチーズのまろやかなコクと、
赤じそふりかけの風味の相性に驚くはず

ツナとクリチの赤じそうどん

材料（2人分）

冷凍うどん…2袋　水菜…1株

粗びき黒こしょう…適量

合わせ調味料

さけフレーク…大さじ4　しょうゆ…小さじ1

生クリーム…100ml　　和風だし（顆粒）

牛乳…100ml　　　　…小さじ1/2

1 冷凍うどんは電子レンジで表示通り温めておく。水菜は3cm幅に切る。

2 フライパンに合わせ調味料を入れて火にかけ、沸いたら1を入れて軽くとろみがつくまで中火で約1分加熱する。器に盛り、黒こしょうをかけ、水菜をのせる。（吉田愛）

簡単めん うどん　調理時間 **5分**

さけのだしが香るソースに、
モチッとした麺がマッチ

さけと水菜のクリームうどん

調理時間
10分

パクチーとさば缶の辛みそそば

さば缶のコクのあるみそ味を
トマトの酸味とパクチーでコクうまに

材料（2人分）

そば…150g
さば缶（みそ煮）…1缶（約180g）
ラー油…少々

合わせ調味料
さば缶の汁…全量
めんつゆ（2倍濃縮）…大さじ2
水…大さじ2
七味唐辛子…小さじ1/2

トッピング
パクチー…20g
プチトマト…4個

1 パクチーはざく切りにし、プチトマトはへたを取り、くし形切りにする。ボウルに合わせ調味料を入れ、混ぜ合わせる。

2 そばは袋の表示時間通りにゆでて 冷水で洗い、水気をきる。1のボウルにそば、粗くほぐしたさば、パクチーの半量、プチトマトを加えて和える。器に盛り、残りのパクチーを添えてラー油をたらす。（高橋善郎）

POINT
缶汁を加えて、つゆのうまみをアップ! 甘みがあるので、簡単に奥深い味に。ここに少しのめんつゆと辛みを加えるだけで濃厚だれが完成!

簡単めん
そば

調理時間
10分

プチプチ食感とほんのり辛みを感じる明太子
アボカドの新感覚のとろろそば

アボカド明太のとろろそば

材料(2人分)

そば…150g
アボカド…中1個
レモン汁…少々
明太子…1腹
長いも…100g

合わせ調味料
めんつゆ(2倍濃縮)…大さじ4
水…大さじ4
トッピング
小ねぎ(小口切り)…適量

1 皮をむいて種を取り除いたアボカドは1cm角に切る。明太子は身をこそぎ取り、アボカドとレモン汁を和える。皮をむいた長いもはすりおろす。

2 そばは袋の表示時間通りにゆでて冷水で洗い、水気をきる。器に入れて1を盛り、混ぜ合わせた合わせ調味料をかけて小ねぎを散らす。(高橋善郎)

簡単めん
そば

調理時間
10分

牛肉を湯通ししてアク抜きをしているので上品な仕上がり

ピリ辛牛肉そば

材料(2人分)

そば…2束(150g)
牛切り落とし肉…100g
アボカド…中1個

もやし…1/2袋(100g)
七味唐辛子…適量

合わせ調味料
しょうゆ、みりん、
酒…各大さじ4
水…大さじ2
砂糖…大さじ1と1/2

1 アボカドは種を取り除き、皮をむき、1cm角に切る。牛肉は沸騰した湯に5秒ほどくぐらせて冷水にとる。

2 鍋に合わせ調味料を入れ、ひと煮立ちさせる。もやしを入れ、1〜2分ゆでたら別皿に移す。牛肉を加え、3分ほど中火前後で煮たらアボカドを加え、1分ほど煮る。

3 そばを袋の表示時間通りにゆでる。湯きりして器に盛り、2をバランスよく盛りつけ、七味をふる。(高橋善郎)

簡単めん
パスタ

調理時間
15分

ツナの濃厚なうまみ、
トマトと大葉の爽やかさが好相性！

**トマトとツナの
冷製パスタ**

材料（2人分）

カッペリーニ…100g
トマト…2個
ツナ缶（水煮）…1缶

合わせ調味料
めんつゆ（3倍濃縮）…大さじ1強
オリーブ油…大さじ3
塩…2つまみ

トッピング
大葉…3枚

1 トマトは1cm角に切る。ツナは油をよくきる。

2 塩（分量外適量）を加えたたっぷりの湯でカッペリーニを
袋の時間表示通りにゆでる。水でしめてざるに上げて水
気をよくきり、ペーパータオルでさらに水気をよくふき
取る。

3 ボウルに合わせ調味料と**1**を入れて混ぜ、**2**を和える。器
に盛り、オリーブオイル（分量外適量）を回しかけ、粗み
じん切りにした大葉を散らす。（Shiori）

簡単めん
パスタ

調理時間
15分

赤ワインが香るコク深い味わいと
ゴロっとしたミートソースがリッチ

なすのミート
ソースパスタ

材料（2人分）

フェットチーネ…140g

なす…2個

牛ひき肉…150g

玉ねぎ（みじん切り）…1/2個分

合わせ調味料

水…200ml

トマト水煮缶（ホールタイプ）
…200g

赤ワイン…100ml

オリーブオイル…大さじ1

塩…小さじ1

トッピング

パルメザンチーズ
（すりおろし）…適量

---

1 なすはへたを落として2cm角に切り、水にさらして水気をきる。

2 鍋に合わせ調味料を入れて、トマトをつぶしながら混ぜ、フェットチーネを入れる。

3 牛ひき肉、玉ねぎ、なすをのせて中火にかけ、沸騰したらふたをし、ときどき混ぜながら袋の表示時間+2分煮る。

4 ふたをとって1〜2分煮詰めて水分を調整し、器に盛り、パルメザンチーズをふる。（森崎繭香）

調理時間 **15分**

火を止めてソースとあえるから
失敗なくキメ細かなとろみ加減のソースに

カルボナーラ

材料（2人分）

スパゲッティ…160g
ベーコン（薄切り）…4枚（約70g）
にんにく（みじん切り）…1片分

合わせ調味料A

水…300ml
生クリーム…100ml
オリーブオイル…大さじ1
塩…小さじ1/4

合わせ調味料B

溶き卵…1個分
パルメザンチーズ（すりおろし）
…大さじ3

トッピング

卵黄…2個
粗びき黒こしょう（好みで）
…少々

1 ベーコンは1cm幅に切る。

2 鍋に合わせ調味料Aを入れて混ぜ、スパゲッティを半分に折って入れる。

3 ベーコン、にんにくをのせて中火にかけ、沸騰したらふたをして、ときどき混ぜながら袋の 表示時間通りに煮る。

4 ふたをとって1〜2分煮詰めて水分を調整し、火を止めて合わせ調味料Bを加えて手早く混ぜる。器に盛り、中央に卵黄を落とし、好みでこしょうをふる。

簡単めん
パスタ

調理時間
15分

長ねぎと豚肉のゆずこしょうクリームパスタ

フワッと香るゆずの香りとピリッとした辛みを、生クリームがマイルドに

材料（2人分）

スパゲッティ…160g
長ねぎ…1本
豚こま切れ肉…100g

合わせ調味料

水…300ml
生クリーム…100ml
オリーブオイル…大さじ1
ゆずこしょう…小さじ2
塩…小さじ1/2

トッピング

粗びき黒こしょう（好みで）…少々

1 長ねぎは4cm長さのぶつ切りにする。

2 鍋に合わせ調味料を入れて混ぜ、スパゲッティを半分に折って入れる。

3 長ねぎ、豚肉をのせて中火にかけ、沸騰したらふたをして、ときどき混ぜながら袋の表示時間通りに煮る。ふたをとって1〜2分煮詰めて水分を調整し、器に盛り、好みで黒こしょうをふる。

簡単めん
パスタ

調理時間
15分

和風明太パスタ

昆布の奥深い味に、バターとプチプチ食感の辛子明太子がバランスよく調和

材料（2人分）

スパゲッティ…160g
明太子…1腹（50g）

合わせ調味料

水…400ml
昆布茶…小さじ1
バター…10g

トッピング

大葉（せん切り）…6枚分

1 明太子は薄皮に切り目を入れ、包丁の背で身をとり出す。

2 鍋に合わせ調味料を入れて混ぜ、スパゲッティを半分に折って入れる。

3 中火にかけ、沸騰したらふたをして、ときどき混ぜながら袋の表示時間通りに煮る。

4 ふたをとって1〜2分煮詰めて水分を調整し、火を止めて明太子を加えて混ぜる。器に盛り、大葉をのせる。

113
（以上、森崎繭香）

調理時間
20分

タイ料理のガパオを野菜
たっぷりにして、麺にオン!

汁なしガパオ麺

材料(2人分)

中華麺…2玉
鶏ももひき肉…200g
パプリカ(赤)…1/4個
パプリカ(黄)…1/4個
紫玉ねぎ…1/2個
オリーブオイル…大さじ1

合わせ調味料
バジル(みじん切り)…5g分
オイスターソース…大さじ1と1/2
レモン汁…小さじ2
ナンプラー…小さじ1
粗びき黒こしょう…少々

トッピング
温泉卵…2個

1 パプリカ各種はへたとわたを切り取り、1cm四方に切る。
紫玉ねぎも1cm四方に切る。

| パプリカ
(赤)
1/4個 | パプリカ
(黄)
1/4個 | 紫玉ねぎ
1/2個 |

2 温めたフライパンにオリーブオイルをひき、鶏ひき肉を入
れ、中火前後でほぐしながら全体に焼き色がつくまで炒め
る。1を加えて炒め、合わせ調味料を加えて全体を混ぜ合わ
せる。

| オリーブ
オイル
大さじ1 | + | 鶏もも
ひき肉
200g | + 1 + | バジル
(みじん切り)
5g分 | オイスター
ソース
大さじ1と
1/2 | レモン汁
小さじ2 | ナンプラー
小さじ1 | 粗びき
黒こしょう
少々 |

3 中華麺を袋の表示時間通りにゆでる。湯きりして器に盛り
つけ、2をかけ、温泉卵をのせる。

| 中華麺
2玉 | 表示通り
ゆでる | + 2 + | 温泉卵
2個 |

簡単めん
中華麺

調理時間
10分

市販の焼き豚を使ったお手軽ラーメン

焼き豚トマトラーメン

材料（2人分）

中華麺…2玉
焼き豚（市販品）…8枚
トマト（5mm幅の輪切り）…1個分

合わせ調味料

水…600ml
トマトケチャップ・鶏ガラスープの素
…各大さじ2
ごま油…大さじ1
にんにくのすりおろし…小さじ1/2
塩…適量

トッピング

小ねぎ（小口切り）、粗びき黒こしょう
…各適量

1 鍋に合わせ調味料を入れ、ひと煮立ちさせる。

2 中華めんを袋の表示時間通りにゆでる。湯きりし、器に盛りつける。温め直した1を流し入れ、焼き豚、トマトをのせ、小ねぎをちらし、黒こしょうをふる。

簡単めん
中華麺

調理時間
20分

人気の韓国料理を麺に。具材に焼き色をつけると調味料とよく絡む

チーズダッカルビ風焼きそば

材料（2人分）

中華麺（細麺）…2玉
鶏もも肉（ぶつ切り）…150g
キャベツ（ざく切り）…200g
白菜キムチ…100g
塩、こしょう…各少々

合わせ調味料

酒…大さじ3　唐辛子（輪切り）…1本分
コチュジャン、しょうゆ…各小さじ2
砂糖…小さじ1
しょうが、にんにく（すりおろし）
…各小さじ1/4

トッピング

ピザ用チーズ…50g

1 温めたフライパンに鶏もも肉を入れ、中火前後で全体に焼き色がつくまで炒める。キャベツを加え、塩、こしょうをふり、同様の火加減でしんなりするまで炒める。

2 中華麺を袋の表示時間通りにゆでる。湯きりし、白菜キムチと一緒に1に加え、具材とからませる。

3 混ぜ合わせた合わせ調味料を加え、手早く混ぜ合わせる。器に盛りつけ、チーズをのせる。

（以上、高橋善郎）

≫ 味つけはサーモンの塩気のみ。切って混ぜるだけだからお弁当にも最適！

スモークサーモンと
クリームチーズのおにぎり

材料（2個分）

ご飯…150g
スモークサーモン…50g
クリームチーズ…40g

① スモークサーモンは食べやすい大きさにちぎる。クリームチーズは1cm角に切る。

② ボウルにご飯と1を入れて混ぜ、手に半量をのせて三角形に握る。もう1個も同様に握る

≫ 味つきの缶詰を使えば、調味の手間なし。のりの香りも絶妙にマッチ

さばマヨおにぎり

材料（2個分）

ご飯…150g
さば缶（みそ煮）…1/2缶（100g）
マヨネーズ…大さじ1
焼きのり…1/4枚

① さば缶は汁気をきってボウルに入れ、マヨネーズを加えて混ぜる。

② 1にご飯を入れて混ぜ、手に半量をのせて三角形に握り、のりを巻く。もう1個も同様に作る。

≫ チキンライスをおにぎりにして卵を巻けば、みんな大好きなオムライスに

オムライスおにぎり

材料（4個分）

ご飯…300g
鶏もも肉…1/2枚
玉ねぎ…30g
トマトケチャップ…大さじ3
塩、こしょう…各少々
卵…1個
サラダ油…小さじ2
トマトケチャップ（仕上げ用）…適量

合わせ調味料
牛乳…大さじ1
塩、こしょう…各少々

① 鶏肉は1〜2cm角に切る。玉ねぎはみじん切りにする。

② フライパンにサラダ油の半量を熱し、1を入れて中火で肉の色が変わるまで炒める。ご飯とケチャップを加えて炒め合わせ、塩、こしょうで味を調える。

③ 卵焼き器に残りのサラダ油を熱し、混ぜ合わせた卵と合わせ調味料を入れて弱火で両面を焼き、薄焼き卵を作る。

④ 手に2の1/4量をのせ、俵形に握る。残りも同様に握る。3の薄焼き卵を4等分に切って巻き、ケチャップをかける。

≫ たくあんの食感と甘みが、ツナマヨおにぎりと相性抜群！

ツナとたくあんのおにぎり

材料（2個分）

ご飯…150g　　　たくあん…30g
ツナ缶…1缶（70g）　焼きのり…1/4枚
マヨネーズ…大さじ1

① ツナ缶は汁気をきり、マヨネーズを加えて混ぜる。たくあんは1cm角に切る。

② ボウルにご飯と1を入れて混ぜ、手に半量をのせて三角形に握り、のりを巻く。もう1個も同様に作る。

≫ 生ハム×アボカドがご飯にマッチ！ 黒こしょうがアクセント

生ハムとアボカドのおにぎり

材料（4個分）

ご飯…300g　　　生ハム…4枚
アボカド…1/2個　マヨネーズ、黒こしょう…各適量
レモン汁…小さじ1

① アボカドは5mm厚さに切り、レモン汁をまぶす。

② 手にご飯の1/4量をのせて丸形に握る。残りも同様に握る。

③ 2に生ハムと1をのせ、マヨネーズをかけ、黒こしょうをふる。

≫ さけのうまみとシャキシャキのきゅうり、大葉が爽やかな寿司風

さけときゅうりの寿司おにぎり

材料（4個分）

ご飯…300g
甘塩さけ…2切れ（160g）
きゅうり…1本
塩…少々
大葉…4枚
白いりごま…小さじ1

合わせ調味料
酢…大さじ2
砂糖…大さじ1
塩…小さじ1/4

① ボウルにご飯を入れ、合わせ調味料を加えて混ぜる。

② さけは魚焼きグリルで両面に焼き色がつくまで8分ほど焼き、骨と皮を除いて大きめに身をほぐす。きゅうりは輪切りにして塩をふり、5分ほどおいて水気をしぼる。大葉はせん切りにする。

③ ボウルに1、2、白いりごまを入れて混ぜ、手に1/4をのせて三角形に握る。残りも同様に握る。

　（以上、星野奈々子）

7

簡単なのに大満足なレシピが充実!

すぐでき鍋＆スープレシピ

冷えた体を温めて、栄養もバッチリ摂れる鍋＆スープ。
材料を入れて煮るだけで作れる手軽さも
うれしいポイント。朝昼夜どんなシーンにも
対応するバリエーション豊富なレシピを紹介します。

 お助けレシピ 鍋

調理時間 **10**分

シンプルなしょうゆ味の和風鍋を、ゆずこしょうで風味よく！

豚しゃぶと白菜のゆずこしょう鍋

材料（2人分）

豚しゃぶしゃぶ用肉…100g
白菜…150g
水菜…1/2束（50g）

合わせ調味料
だし汁…400ml
しょうゆ…大さじ1
酒…大さじ1
ゆずこしょう…小さじ1

1 白菜はざく切りにする。水菜は5cm長さに切る。

2 鍋に合わせ調味料を入れて火にかけ、白菜を入れて中火で5分煮る。豚肉を加えて弱火で肉の色が変わるまで煮、水菜を加えてさっと煮る。（星野奈々子）

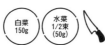

だし汁400ml ｜ しょうゆ大さじ1 ｜ 酒大さじ1 ｜ ゆずこしょう小さじ1 ＋ 1の白菜 5分中火 ＋ 豚しゃぶしゃぶ用肉100g ＋ 1の水菜

20分

さば缶担々麺

豆乳は分離しやすいので沸騰させないように

材料(2人分)

さば缶(みそ煮)…1缶(200g)　えのきたけ…1袋(100g)
にら…150g　　　　　　　　　エリンギ…中2本(100g)
キャベツ…150g　　　　　　　長ねぎ…1本

合わせ調味料A

にんにく、しょうが(すりおろし)、
七味唐辛子…各小さじ1/2

合わせ調味料B

┌ 豆乳(無調整)…400ml
│ 水、めんつゆ(2倍濃縮)…各100ml
└ 白練りごま…大さじ3　ごま油…大さじ1

トッピング

┌ 卵黄…1個分
│ ラー油(好みで)…適量
└ 白いりごま(好みで)…適量

1 にらは4〜5cm幅に切り、キャベツはざく切りにする。えのきたけは石づきを切り落とし、半分に切って粗めにほぐす。エリンギは石づきを切り落として縦方向に5mm幅に切る。長ねぎは5mm幅の斜め切りにする。

2 ボウルにさば缶を缶汁ごと合わせ調味料Aとともに入れ、さばの身をほぐしながら和える。

3 鍋に合わせ調味料Bを入れ、混ぜながらひと煮立ちさせる。キャベツ、エリンギ、えのきたけ、2を半量加え、弱火で6〜8分煮る。長ねぎ、にら、残りの2をバランスよく盛り、卵黄をのせる。好みでラー油、白いりごまをかける。(高橋善郎)

お助けレシピ 鍋

調理時間 **15分**

にんにくの香りが食欲そそる
意外とヘルシーなコクうま鍋

豚バラとキャベツの にんにく塩バター鍋

材料（2人分）

豚バラ薄切り肉…200g
キャベツ…1/4個
しめじ…1袋
にんにく…2片
バター…10g

合わせ調味料

水…800ml
鶏ガラスープの素（顆粒）
…大さじ2
塩…小さじ1/2
唐辛子（輪切り）…1本分

1 豚肉は10cm幅に切る。キャベツ
はざく切りにする。しめじは石
づきを落とし、小房に分ける。
にんにくは薄切りにする。

2 鍋に合わせ調味料を入れて火にかけ、
煮立ったら1を加えて10分ほど煮、バ
ターを加える。（星野奈々子）

    +

お助けレシピ 鍋

調理時間 **15分**

キムチの発酵パワーで腸内環境を整えつつ
辛みで脂肪を燃焼

スンドゥブ

材料（1人分）

豚もも薄切り肉…50g
あさり（砂抜き済み）…100g
にら…1/2束　白菜キムチ…30g

合わせ調味料

水…200ml
鶏ガラスープの素、
コチュジャン…各小さじ1

ごま油…小さじ1
長ねぎのみじん切り…1/4本分
絹ごし豆腐…1/4丁（75g）

トッピング

卵黄…1個分
白すりごま…小さじ1/2

1 にらは3cm幅
に切る。

2 鍋にごま油と長ねぎを入れて火にかけ、
豚肉を加えて色が変わるまで炒める。

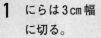 +

3 あさり、白菜キムチ、合わせ調味料を加えてふつふつしてきたらにらと豆腐を加え、1〜2分煮る。
卵黄をのせ、白すりごまをかける。（木村遥）

  +   +  + +

調理時間 **20分**

「肉も野菜もたっぷり食べたい」派には
辛くて熱いキムチ鍋が好評

キムチチーズ鍋

材料（2人分）

白菜キムチ…150g
キャベツ…1/4個
にんじん…1/2本
豚こま切れ肉…200g

合わせ調味料

水…800ml　　砂糖…大さじ1
しょうゆ　　ごま油…大さじ1
…大さじ1

トッピング

ピザ用チーズ…80g

1 キャベツはざく切りにする。にんじんは3mm厚さの半月切りにする。

2 鍋に合わせ調味料を入れて火にかけ、1とキムチ、豚肉を入れてふたをして15分煮る。ふたを開けてチーズを加えて溶かす。（星野奈々子）

調理時間 **15分**

低糖質でコクのある
豆乳が深い味わい！

さけの豆乳みそ鍋

材料（1人分）

生さけ…1切れ
塩、こしょう…各少々
白菜…2枚（100g）
春菊…2束
えのきたけ…1/3本
豆乳（無調整）…50ml

合わせ調味料

水…150ml
みそ…大さじ1/2
和風だし（顆粒）、砂糖
…各小さじ1/2

1 さけは3〜4等分に切り、塩、こしょうをふる。野菜は食べやすい大きさに切る。

2 鍋に合わせ調味料を入れて熱し、沸騰したらさけを加える。色が変わったら端に寄せ、1の野菜とえのきたけを入れる。沸騰したら豆乳を加えてひと煮立ちさせる。（木村遥）

 お助けレシピ スープ

調理時間 **40分**

コトコト煮込んだ骨つき肉から、奥深いうまみを抽出！

鶏手羽元のポトフ

材料（2人分）

鶏手羽元…6本
塩…小さじ1
にんじん…1本
じゃがいも…1個
長ねぎ…1本
しょうが…1片
にんにく…1片
水…600ml
トッピング
ディジョンマスタード…大さじ2

1 鶏手羽元は塩をもみ込む。にんじんは乱切りにする。じゃがいもは4等分に切って水にさらし、水気をきる。長ねぎは5cm長さに切る。しょうが、にんにくは薄切りにする。

2 鍋にじゃがいも以外の1と水を入れて中火にかけ、煮たったらアクを取り、ふたをして弱めの中火で20分煮る。じゃがいもを加えてさらに10分煮る。

3 器に盛り、マスタードを添える。

お助けレシピ
スープ

調理時間
20分

玉ねぎに薄力粉を加えて炒める方法で作れば、ホワイトソースもダマ知らず

さけとブロッコリーのチャウダー

材料（2人分）

甘塩ざけ…2切れ

ブロッコリー…1/2個

玉ねぎ…1/4個

バター…10g

薄力粉…大さじ2

水…400ml

牛乳…200ml

塩…小さじ1/2

こしょう…少々

1 さけは一口大に切る。玉ねぎは薄切りにする。
ブロッコリーは小房に分ける。

〔甘塩ざけ 2切れ〕〔玉ねぎ 1/4個〕〔ブロッ コリー 1/2個〕🔪

2 鍋にバターを熱し、玉ねぎを加えて弱火でしんなりするまで
炒める。薄力粉を加えて粉っぽさがなくなるまで炒め、水を
少しずつ加えて混ぜながら煮る。

〔バター 10g〕＋〔1の 玉ねぎ〕＋〔薄力粉 大さじ2〕＋〔水 400ml〕〔煮る〕

3 煮立ったらさけとブロッコリーを加えて中火で3分煮、牛乳を
加えて温め、塩、こしょうで味を調える。

〔1の さけ〕〔1の ブロッ コリー〕〔**3分** 中火〕＋〔牛乳 200ml〕＋〔塩 小さじ1/2〕〔こしょう 少々〕

（以上、星野奈々子）

お助けレシピ スープ

調理時間 **15分**

トマトジュースを使えば、味つけが手軽。カロリーの低いヨーグルトをのせて

具沢山！大根のミネストローネ

材料（2人分）

大根…60g　　玉ねぎ…50g
ベーコン…30g　にんじん…30g
早ゆでパスタ…15g
オリーブオイル…小さじ2

合わせ調味料

トマトジュース…100ml
水…250ml
顆粒ブイヨン…小さじ1/3
塩、こしょう…各少々

トッピング

ギリシャヨーグルトまたは水きりヨ
ーグルト、ディル（あれば）…各適量

1 ベーコンと野菜は1cm角に切る。

2 鍋にオリーブオイルを熱して、1を炒める。合わせ調味料を加えて10分煮る。早ゆでパスタは、表示時間通りのゆで時間になるよう、途中で加える。

3 器に盛り、あればギリシャヨーグルト、ディルをのせる。（結城寿美江）

お助けレシピ 鍋

調理時間 **20分**

あめ色玉ねぎのひと手間を
レンジ調理で軽減

しょうがオニオングラタンスープ

1 玉ねぎは薄切りにし、耐熱ボウルに入れてラップをかけ、電子レンジで5分加熱する。しょうがはみじん切りにする。

2 鍋にバターを熱し、1のしょうがと玉ねぎを入れ、塩を加えて中火で3〜4分炒める。

材料（2人分）

玉ねぎ…1個　　バゲット…
しょうが…2片　　（2cm厚さ）2枚
バター…10g　　ピザ用チーズ
塩…小さじ1/2　　…30g
水…400ml

3 水を加えて煮立て、アクを取り除いてふたをして中火で5分煮る。耐熱容器に入れ、バゲットとチーズをのせてオーブントースターで焼き色がつくまで3分ほど焼く。（星野奈々子）

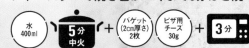

お助けレシピ スープ

調理時間 **10分**

デトックス効果の高いキャベツに
ベーコンのコクうまなだしが相性抜群

キャベツとベーコンの温玉スープ

材料（2人分）

キャベツ…1/8個（150g）	塩…小さじ1/4
ベーコンスライス…2枚	水…400ml
オリーブオイル…大さじ1/2	

トッピング

黒こしょう…少々　温泉卵（市販）…2個

1 キャベツは千切りにする。ベーコンは1cm四方に切る。

2 鍋にオリーブオイルを熱し、1を入れて中火でしんなりするまで炒め、水を加えて煮立たせ、塩を加えて味を調える。

オリーブオイル大さじ1/2 ＋ 1 ＋ 水400ml 塩小さじ1/4

3 2を器に注ぎ、温泉卵を入れ、黒こしょうをふる。（星野奈々子）

お助けレシピ スープ

調理時間 **10分**

とろりとしたチーズや
加熱調理したアボカドのコクがおいしい

アボカドとモッツァレラチーズみそスープ

材料（2人分）

みそ…大さじ1	ベーコン…40g
アボカド…小1/2個	プチトマト…4個
モッツァレラチーズ（チェリータイプ）…8個	粗びき黒こしょう…適量

合わせ調味料

水…400ml

チキンコンソメ（顆粒）…小さじ2

にんにくのすりおろし…小さじ1/2

1 アボカドは種を取り除き、皮をむき、食べやすい大きさに切る。ベーコンは1cm幅の厚さに切り、プチトマトはへたを取り、横半分に切る。

2 手鍋に合わせ調味料を入れ、ひと煮立ちさせる。アボカド、ベーコン、プチトマトを加え、弱火で2〜3分煮る。モッツァレラチーズを入れ、みそを溶いたら器に盛り、黒こしょうをふる。（高橋善郎）

125

お助けレシピ スープ

調理時間 **15分**

多くの調味料を使う韓国料理を
焼肉のたれで手軽に調味!

ユッケジャンスープ

材料(2人分)

牛こま切れ肉…100g　　ごま油…大さじ1/2
白菜キムチ…80g　　　焼き肉のたれ…大さじ2
青ねぎ(小口切り)　　　水…400ml　卵…1個
…大さじ3

トッピング
糸唐辛子(あれば)…適量

1 フライパンにごま油を熱し、牛肉、白菜キム
チを入れて中火で肉の色が変わるまで炒め
る。青ねぎ、焼き肉のたれを加えてさっと炒
め、水を加えて煮立てる。

（ごま油 大さじ1/2）（牛 こま切れ肉 100g）（白菜 キムチ 80g） + （青ねぎの 小口切り 大さじ3）（焼き肉の たれ 大さじ2）（水 400ml）

2 アクを取り除き、溶いた卵を入れ、ふわっと
浮いてきたら火を止める。

1 + （卵 1個）

3 器に盛り、あれば糸唐辛子をのせる。

（星野奈々子）

お助けレシピ スープ

調理時間 **15分**

シャキッとしたコーンとキャベツの甘み
を感じるバター風味の優しい味

餃子とキャベツの
コーンバタースープ

材料(1人分)

冷凍餃子…3個　　　　コーン…50g
キャベツ(ざく切り)　　水…300ml
…葉1枚　　　　　　　コンソメスープの素
バター…10g　　　　　…小さじ1

トッピング
黒こしょう…少々

1 鍋にバターを溶かし、中火でキャベツとコー
ンを炒める。うっすら焼き色がついたら、水
とコンソメスープの素を入れて温める。

2 ひと煮立ちしたら、冷凍餃子を入れて弱火で
3分ほど温めて、最後に黒こしょうをふる。

（エダジュン）

お助けレシピ スープ

調理時間 **10分**

みそ汁の概念を覆すような
ごちそう系みそ汁

豚バラ肉とキャベツの スタミナみそ汁

材料（1人分）

豚バラ肉薄切り…80g	にら…20g
キャベツ…80g	みそ…大さじ2

合わせ調味料

水…400ml	ごま油…小さじ1
和風だし（顆粒）…小さじ1	唐辛子（小口切り）…1本分

1 キャベツはざく切りにし、豚バラ肉、にらは
1〜2cm幅に切る。

2 手鍋に合わせ調味料を入れ、ひと煮立ちさせ
る。キャベツ、豚バラ肉を加え、弱火で5分ほ
ど煮る。にらを加え、1〜2分煮たら、みそを
溶き、器に盛りつける。（高橋善郎）

お助けレシピ スープ

調理時間 **20分**

鶏肉を使う場合は、優しい味の
白みそを使うのがおすすめ

みそ香る参鶏湯風

材料（2人分）

	合わせ調味料
みそ…大さじ1	水…400ml
鶏もも肉…150g	しょうが（千切り）…10g
長ねぎ…1/2本	にんにく…2片
オクラ…6本	鶏ガラスープの素（顆粒）…小さじ2
水溶き片栗粉…適量	ごま油…小さじ1

1 鶏もも肉は3〜4cm幅のぶつ切りにする。長ね
ぎは3cm長さに切り、浅く切り込みを入れる。
オクラはガクの部分を切り落とす。

2 手鍋に合わせ調味料を入れ、ひと煮立ちさせ
る。鶏肉を加え、弱火で10分ほど煮る。

3 長ねぎ、オクラを加え、さらに5分ほど煮る。
みそを溶き、水溶き片栗粉でとろみをつけ、
器に盛りつける。（高橋善郎）

⚫ 本書にご協力いただいた先生（敬称略）

稲垣晴代　フード・ケータリングユニット「MOMOE」主宰。調理師学校卒業後、フレンチレストラン、カフェ勤務を経て独立。ケータリングやフードコーディネート、メディア出演などで活躍。著書に『MOMOEの作りおき』（宝島社）などがある。http://momoegohan.com

エダジュン　料理研究家・管理栄養士。「パクチーボーイ」の名義でも活動中。お手軽アジアごはんや、パクチーを使ったレシピが魅力。著書に『できるだけうちにある調味料で作る！エスニックつまみとごはん』（主婦と生活社）などがある。https://edajun.com

北嶋佳奈　管理栄養士、フードコーディネーター。株式会社Sunny and代表。料理本出版、レシピ・メニュー開発、コラム執筆、イベント・各種メディア出演などで活躍。著書に『デパ地下みたいなごちそうサラダ ベストレシピ 決定版』、『遅夜ごはん 疲れた日でも、これなら作れる。』（ともにTJMOOK）などがある。321and.com

木村遥　スタイリスト、フードコーディネーター。広告、書籍、雑誌などでレシピ提案やスタイリングを手掛ける。

SHIORI　料理家。和食をはじめ、世界各国の家庭料理を得意とする。現在は《L'atelier de SHIORI Online》を主宰し、9,000名以上の受講生を抱える人気レッスンになっている。

高橋善郎　料理研究家・日本酒ソムリエ。テレビ出演や企業のレシピ開発、雑誌など多数で活躍。著者に「ソムリエ×料理人が家飲み用に本気で考えた おうちペアリング」などがある。http://yoshiro-takahashi.com/

タサン志麻　家政婦。大阪あべの・辻調理師専門学校、同グループ・フランス校卒。ミシュランの三ツ星レストランなどに勤務。『予約がとれない伝説の家政婦』として活躍中。著書に『伝説の家政婦 沸騰ワード10レシピ』（ワニブックス）などがある。https://shima.themedia.jp

星野奈々子　料理家・フードコーディネーター。レシピ本、雑誌、Web、企業のレシピ開発、フードスタイリングを中心に幅広く活動。著書に『ワンパターン買いが平日晩ごはんをラクにする。』（学研プラス）などがある。https://hoshinonanako.com

森崎繭香　フードコーディネーター、お菓子料理研究家。レシピ本の出版を中心に、雑誌やWEBへのレシピ提供、テレビ・ラジオ出演など幅広く活動中。著書に『おうちおやつはじめてでもおいしくできる!』（文化出版局）など多数。http://mayucafe.com

結城寿美江　料理家。エコールキュリネール国立製菓カレッジ卒業後、有名菓子店で修業。川上文代氏に師事。著書に『ジャーで作るサラダべんとう』『15分で3品作れる！絶品かんたん献立』『リッチスープ』（すべてエイ出版社）などがある。https://ameblo.jp/sumie-yuki/

吉田愛　料理家。雑誌や料理教室などでレシピづくりを行う。唎酒師の資格を持ち、おつまみが得意。著書に〝温故知新 和食つまみ〟（成美堂出版）がある。

365日あなたを支える！究極のお助けごはん

2021年9月8日　第一刷発行

美人百花特別編集

撮影
市瀬真以 / 柳詰有香 /
神林環 / 巣山サトル /
竹内洋平 / 深澤慎平 / 福井裕子

デザイン
酒井優

校正協力
長島牧子

編集責任
金井美紗

編集
長谷川稚渚

発行者　角川春樹
発行所　株式会社角川春樹事務所
〒102-0074
東京都千代田区九段南 2-1-30
イタリア文化会館ビル 5 階
営業 03-3263-5881
編集 03-3263-5306
印刷・製本
凸版印刷株式会社
http://www.kadokawaharuki.co.jp/

ISBN 978-4-7584-1388-6

Printed in Japan
©2021 Kadoawa Haruki Corporation